脱欧入近代

外村直彦

渓水社

序文

明治時代以来日本は西洋の文物の摂取に明け暮れし、大東亜戦争中は一時中断したようにみえたが、戦後は旧に倍して西洋の風に染まり、いまはまるでその文化的植民地といった様相を呈している。他国の文化にこうも翻弄された時代は日本史上かってなかっただろう。外国への模倣追従の姿勢は大昔から日本はすこしも変えていない、ただ相手を中国から西洋に代えただけだ、と言う人がいるが、はたしてそうだろうか。借用をもって直ちに模倣追従ということはできない。借用はほとんどどの文明もおこなってきたことであり、借用を基準にしていうのであれば、西欧のごときは借用ばかりの文明だから、模倣追従の典型ということになってしまう。借用を創造に転じないで、後生大事にかかえこむのが模倣追従であり、サルマネだろう。

模倣追従し、サルマネするのはほめられた話ではない。情けないことである。今日の日本がその情けないことをくりかえしているわけは、西洋とのつきあい方の根本に問題があったからではないか。

西洋とのつきあいは近代文明をとりいれるという動機にはじまったが、明治の指導者は近代文明を西洋文明と同一視して、「亜細亜の東辺に一新西洋国を出現する」ことをもって国家の目標とした。それが目標ならば、以後の日本社会が西洋の模倣をくりかえし、西洋の文化的植民地の様相を呈することになって当然である。また、西洋文化にどっぷり浸れば、日本文化との軋轢が生じ、多くの人が悩み苦しみ、近代への疑惑が生まれ、近代の超克が叫ばれるようになってこれまた当然である。

いったい近代と西洋近代とは同じものなのか。同じものでなく別物だとしたら、西洋のあとをいたずらに追いかける必要はなく、また近代をあながち否定したり克服しようとする必要もなかったことになるだろう。

本書はこの模倣追従の問題と近代の問題との二つを扱う。私ははじめ近代を模倣追従の問題の解決のために軽く扱うつもりでいたが、思いを潜めるうちに、近代の本質の解明が模倣追従の問題を付随的なものにしてしまい、近代の苦悩や近代の超克などの問題もろとも解決してしまうほどの大事と思えて、近代に正面から取り組むことにした。

本書の構成をいえば、はじめの第1章、第2章、第3章で、現代日本におこなわれる多くの模倣追従のなかから「日本アルプス」という名称、近代洋風建築の保存、英文学科という三つの例をえらび論じた。第4章「脱欧入近代」は、近代の解明をめざして、一定の順序を踏んでその本質を透視し、正体をつきとめるという作業である。その結論はともかく、作業自体はまだ試みられたことのない目新しいもので、必ずしも自信があるわけではないが、あえて披瀝して読者の叱正をまつことにした。第5章「日本再見」は、前章の結論をうけ、日本に対して正当な接し方をするために、従来の日本伝統文化の評価を検討する章である。最後の第6章「帰属心と近代」では、帰属心ないしアイデンティティないし愛国心が近代に占める位置と役割について記し、本書全体を締めくくる役割を与えた。

はじめの三つの章で扱う問題は第4章でおこなう近代の解明の結論に帰趨が左右されるといえるが、本来それとは無関係にそれ自体としても片付けていかなくてはならない案件だと思っている。

目次

脱欧入近代

第1章 「日本アルプス」を改名しよう

はじめに

私には今は遠い少年時代の昔からいっこうに消えずにわだかまっている大疑問がある。「日本アルプス」と「ウェストン」である。この二つは私にとっていつまでも解けない謎である。長年の痛みを伴う鬱積する思いをここに吐露して世の人びとに訴えたい。

「日本アルプス」は日本の中央部を南北に走る長大な山脈（飛騨山脈、木曽山脈、赤石山脈）の総称である。富士山をのぞくと日本の最も高い山々を連ねる山脈である。春夏秋冬一度でも訪れ、その雄大壮美な形姿と神々しい気韻に接したものは、終生忘れがたい、今一度訪れてみたい憧れの思いを抱きつづけるだろう。この素晴らしい、この上ない日本の山々がなぜアルプスなのか。アルプスとはヨーロッパの山脈名である。固有名詞であって、普通名詞ではない。なのに、それが日本の山だとは、ヨーロッパの山があくまでアルプスの本物であるからには、日本のはコピー、まがいもの、というに等しい。山々に向かってお前らは二流品だと馬鹿にすることだ。ひいては日本の国土への侮蔑、日本人への嘲笑にもつながる。そのことを日本人みずから怪しまないとはどういうことか。

私が少年時代から抱きつづけた疑問、モヤモヤ、不快な思いとはこれである。アルプス名への反対には、たいした山でもないのにアルプスと呼ぶとはおこがましいではないかというのがあるが、これは無論私とは正反対の立場である。日本には地方の都市の通りを何々銀座と呼んだり、山を富士山に見立てて讃岐富士とか薩摩富士といったりする習わしがある、それと同じで、目くじら立てるほどのことではないのではないかというひともいるだろう。それはしかし、日本名であるかぎり日本人どうしのあいだでは通じるにしても、外国の固有名詞になれば、本家本元とそうでないものとの間にもともとある差が差別となって、自尊心に触れてくる。自分のところの山や河をよその国の山や河の名で呼ぶ国がないのは、それを辱めだとだれしもがうけとめるからだろう。「日本アルプス」と呼ぶことで、日本はよその国から怪訝な目でみられ、軽蔑されることになる。

こうした事態に立ちいたったいきさつはどうだったのか。私は「日本アルプス」の名称を排する立場なので、日本中央に位置するこの大山脈をかりにここで「日本中央山脈」と呼ぶことにして、以下私の知るところを述べ、考えを記していくことにしたい。

「日本アルプス」はガウランドが命名した

日本中央山脈を「日本アルプス」と呼んだ最初のひとはウィリアム・ガウランドとされている。ガウランドは明治のお雇い外国人の一人で、明治五年に来日して大阪造幣寮で鋳金術の技術指導をした。明治八年から一二年にかけて地質調査をかねて御岳、乗鞍岳、槍ヶ岳、立山、爺ヶ岳、野口五郎岳に登っている。

明治一四年（一八八一）に出版されたアーネスト・サトウとA・ホーズの共著『中央・北部日本の旅行者案内』(1)は日本中央山脈を詳しく紹介し、後年まで日本人登山者にも利用された案内書として有名だが、その初版の緒言に「飛騨・信濃の山々については ガウランド氏から貴重なご意見を頂いた」とある。そのなかの越中・飛騨を扱った「ルート三〇」の章には特別に序文が添えられていて、それがだれの手になる文なのか記されていないが、「越中と飛騨の地方は現在それぞれ石川県と岐阜県の一部をなすが、高い山脈に囲まれており、北国街道のほかはほとんど接近する方法がなく、ために周辺の諸地方の人びともほとんど訪れることがない。これらの地方は東側で帝国で最も顕著な山脈に区切られており、これをまず日本アルプス the Japanese Alps と名づけていいだろう」とある。ついで立山、野口五郎岳、槍ヶ岳、乗鞍岳の山の高さや地質、生成のいわれ、高度による植生の変化、植物、動物を記し、土地の人びとの生活にも簡単に触れている。ルートの説明に序文がついているのはこのルート三〇だけで、いかにも特別扱いであり、それに岩石の分析に詳しいところからしても、本の緒言にいうガウランドの手になる特別寄稿とみていいだろう。

ついでにその「ルート三〇」の本文についていうと、もっぱらこの山脈内部と周辺への旅行案内であるが、維新後まだ十数年しかたっていないというのに詳細を極め、外国人にしてよくぞこの不便極まりない地方を調べあげたものだと感心する。ウォルター・ウェストンは『日本アルプスの登山と探検』(2)の序文の中で、「飛騨・信州山系をヨーロッパ人として最初に探検したガウランド氏から植物および地質にかんする貴重なノートを拝借した」と述べている。そのガウランドはウェストンが行なった日本アルプスに関する講演の席上で、「日本アルプス」とはじめて呼んだのは自分だと公言したということがあり、以上を綜合すれば、日本アルプスと言いだしたのはガウランドとみて間違いないだろう。

ただ、ガウランドがいった「日本アルプス」はまだ固有名詞化していない日本のアルプスというほどの軽い意味合いであったとみられる。ウェストンは『日本アルプスの登山と探検』(明治二九年)にはじまる一連の著作や講演で「日本アルプス」Japanese Alps を頻繁に使っており、明らかに固有名詞扱いである。日本語でそれを固有名詞としてはっきり定着させたのは小島烏水である。

小島烏水とウェストンが「日本アルプス」を喧伝した

小島烏水(一八七三—一九四八)は明治期の日本登山界の大立者である。日本山岳会創立の中心人物であり、多くの登山関係の本を著し、日本で「日本アルプス」の名を広めるのに大きな役割を演じた。ウェストンを祭りあげたのも彼であった。

ウェストンとの出会いや日本山岳会創立のいきさつについて、彼は『万年雪と氷河の山』や『アルピニストの手記』(3)のなかでこう言っている。

自分は明治三五年仲間の岡野金次郎と槍ヶ岳に登って、さながら処女地を踏破したようないい気分でいたところ、岡野からイギリス人登山家ウェストンなる人物が書いた『日本アルプス』なる本を見せられて仰天し、その上ウェストンが自分が住む同じ横浜に住んでいるのを知って二度驚き、早速出掛けていって面会し、その後も度々訪問するようになった。ウェストンは自分らに近代ヨーロッパの登山の様子を伝え、山岳会を日本にも設立するように勧めた。それがもとで、明治三八年（一九〇五）小島烏水、高野鷹蔵、武田久吉、梅沢親光、河田黙、城数馬、高頭仁兵衛の七人が発起人になって日本山岳会が結成された、と。

小島烏水は昭和六年にその日本山岳会の会長になっている。小島の著書は多数にのぼり、そこにウェストンはしばしば登場するが、はじめての出会いのときの情景、講演会のときの様子などを伝える筆にはいつも敬愛の念がにじみでていて、師弟の情とでもいったものが感じられる。

小島は著書『日本アルプス』（明治四三年）の出版当時を回想して、次のようにいっている。出版社が、この頃は「クラブ白粉」などと片かなと日本字を組み合わせた名が散見するから「日本アルプス」という題名もちょっと妙でしょう、ということで採用になった。それが結構売れて、「日本アルプス」の名前が知られ広まるようになった。怪訝な目で見られあるいは嘲笑もされたこの名も、大正六年にでた河東碧梧桐・長谷川如是閑の『日本アルプス縦断記』によれば、〈日本アルプスという名称の、殊更めくのを嫌って、之を信飛国境山脈とか飛騨高原山彙とか、特殊の名前を付した人も少なくはなかったが、既に今日は登山者の主たる渇仰の目標となり、日本アルプスの名もついに動かすべからざる異名となった〉。今日アルプスの名を好むと否とにかかわらず、知らぬ人はないだろう。日本アルプスという名は好まれると否とにかかわらず普及したのだ、[4]と。

そういう小島はいかにも自慢気であるが、彼に若干の躊躇の念というか、うしろめたさがあったことは「好まれると否とにかかわらず」という言葉に感じられる。彼はまた別のところでこんなことも言う。「日本アルプスの名称を確立し、採用し、弘布したのは、日本山岳会の雑誌『山岳』第三号（明治三九年）に於いてで、私たち編集同人が〈日本アルプスの巻〉として、今日の言葉で云えば、特別号を出したのが初めである。それから今日のように、飛騨山脈を北アルプス、木曽山脈を中央アルプス、赤石山系を南アルプスと区分的に呼称したのは、拙著「日本アルプス」第一巻（明治四三年）においてで、わたしが仮称として実はおっかなびっくりに唱えたのであるが、それが今日一般に使用されるに至ったのである、その称呼がいいにしろ、悪いにしろ」[5]。

小島のうしろめたさはしかし、周囲の援護射撃によって薄らいでいったようにみえる。彼の山岳への眼を開いてくれた志賀重昂が、「日本のアルプス山に登るべし」の一文を書いたことはなにより大きな支えになったと思われる。志賀重昂は徳富蘇峰の『国民の友』に対抗して雑誌『日本人』を発刊し、日本と日本文化の素晴らしさを称揚して、当時の欧化主義、西洋崇拝の風潮を退ける論陣を張った人である。日本の山岳美を讃えた名著『日本風景論』（明治二七年初版）で「日本アルプス」という名前を使わなかったこの志賀が、まさか日本の山にアルプスの名前を容認するとは驚きであり、小島にとって望外の喜びだったにちがいない。「木曾川に対して〈日本ライン〉の称呼を世にみなぎらせたのも彼であることは世人熟知の如くである。その称呼が妥当であろうと、なかろうと」[6]と胸を撫でおろしている。

志賀重昂は伝統日本をなにより重んじたひとだけに、われわれの目にも志賀のこのやりかたは奇妙に映る。ただ、志賀には世界各地の自然風景の類似をむやみにもちだす変な癖があって、「学生諸子は世界を識るを要す。しかも修学中世界を旅行するの余裕なかるべきを以てまず日本を旅行し、日本のうちにありて世界有名の山水に類似せる個所を探り、髣髴として以て世界の風物は此の如きものなることを想像し置くを要す」とか、「門を出づること一歩なりとて、君が観察にして周到なれば奇景新景に会ひ得べく、注意にして深甚なれば世界の風物はすなわち捜り得べし」など、むやみに風景の比較をしたがる。そこで、スイスを信濃の仁科湖になぞらえ、ライン河を犬山城下の木曽川にたとえ、ナポリを鹿児島、インテルラーケンを長野県大町に比べ、さらにハワイと男鹿半島、テームズ川と江戸川、イタリアと伊豆半島、北米ニュー・イングランドと北海道、南米パンパスと陸奥の三本木平野、などを一対にして持ち出している。(7)

「木曽川ライン下り」（このラインとはライン河のこと）のいわれも、小島の言うように、溯ればこの志賀の発想であって、この木曽川に沿ったどこかには志賀を記念する碑があるそうだが、もともとライン河は平野の濁流の大河であり、木曽川は渓谷の清流であり、むしろ逆に顕著な違いの好例といえる。志賀のいうところには多分にその類のいい加減さがあって、「日本のアルプス山」なる言葉も、「の」が挿入されていることからも多少うかがえるが、小島らの思惑とはだいぶずれがあったというべきだろう。

とにかく、このように「日本アルプス」なる名称のもとには小島烏水がいる。彼は日本山岳会の創立者の一人として明治の貴族をはじめとする社会上層部に人脈をもち、盛んに文筆活動で宣伝した。その上、日本中央山脈にもともと名前がなかったことも幸いして、「日本アルプス」は年毎にひろまり、大正年代にはいると固有名詞として定着していっていったらしい。それは正式な地理名称ではないものの、今日ではまるで正式名称扱いで、正規の地図上に大きく印刷されている。また、信州一体にはその名を冠した道路、公園、牧場、博物館、ホテル、ルートなどがある。山梨県西部の六町村は平成一五年四月に合併して、市名を「南アルプス市」とした。

ウェストンとは何者か

小島烏水から恩恵を受けたのは「日本アルプス」という山脈名ばかりでない。ウェストンなる人物もまた然りである。

「日本アルプス」は普通ウェストンに結びつけていわれる。「日本アルプス」といえば、二言目にはウェストンである。それほどにまでこの人の名はあまねく知られ、日本各地にその銅像や浮彫が公園や公道に建てられている。しかしこの人物、果たしてそれほどの値打ちのある人なのか。

ウォルター・ウェストン(一八六一―一九四〇)は明治二一年(一八八八)イギリス聖公会の宣教師として来日した。熊本、神戸に七年間滞在し、その間富士山や九州の山々に登った。明治二三年宣教師をやめてから四年間はもっぱら中部地方の山岳地帯を登行した。明治二七年イギリスに帰国し、『日本アルプスの登山と探検』（明治二九年）を出版し、明治三〇年から三五年まで五年間ウィンブルドン教会の副牧師を勤めたあと、再度宣教師として来日し、横浜の教会の牧師に就任した。毎年夏になると富士山や日本中央山脈一体を歩きまわっている。明治三八年に帰国して牧師になるが、明治四四年（一九一一）三度目の来日をする。今回は教会勤務とはいえ、イギリス人の集会の世話をするというこれまでよりは楽な仕事で、四年間の滞在中それまで以上に日本中央山脈の登山に励んでいる。大正四年（一九一五）イギリスに帰ったあとは、『極東の遊歩場』を執筆出版するかたわら、公開講座の講師などもしたという。日本山岳会の最初の名誉会員になり、のち勲四等瑞宝章を授与された。

日本の登山書を繙くと、この人は例外なく称賛されている。小島烏水は「ウェストンは日本アルプスを日本人に教えてくれた人」、「日本アルプスの名を世界的に広めた人」という。「彼が我々日本の青年を指導した仕事はかなり実践的なものだった。そこで日本山岳会の設立となった」ともちあげ、「ウェストンの真骨頂は日本において日本人のなさざりし登山探検を行い、登山による生命飛躍を民衆の生活に植えこんだところにある」と称えている。(8) 山崎安治は「ウェストン師の『日本アルプスの登山と探険』は日本における近代登山ののろしをあげたものとして記憶されねばならない。彼は日本の高山の開拓者であり、探求者であった」[9]という。また岡村精一は、ウェストンは日本アルプス全域にわたる登山と探険のパイオニアであり、宗教的登拝でないスポーツ登山の黎明の光をもたらした人である。二つの著作によって日本アルプスの山岳美と渓谷美を世界に紹介した、といい、さらに「ウェストンの日本についての見聞は驚くほど広い範囲にわたり、洞察力はまことに深く、事物の観察、解釈はいちいちうなずかれるものであり、日本人として感嘆に堪えないものがある」[10]とベタぼめである。

こうした賛辞はほかにいくらもあるが、私にはいまひとつ合点がいかない。ウェストンが明治中期に近代的スポーツ登山をやっていたということ、それがどうして叙勲となったり、公道公園の浮彫や銅像の建立になったりするのだろうか。ウェストン祭として奉られ、崇められることになるのだろうか。

いま挙げた賛辞の内容に沿っていうと、第一に、ウェストンは日本の近代的登山の開拓者だというが、彼以前に日本中央山脈に登ったひとは、信仰登山に限らず後に述べるようにすでに徳川時代に数多くいる。宗教者でない俗人が娯楽、遊び、スポーツで登山するのを近代的登山というなら、近代的登山は日本では日本人の手で徳川時代に始まっているのである。

第二に、日本人でなく西洋人が問題だというなら、ウェストン以前、それも維新の当初から多くの西洋人が各地の山に登っている。その最初は富士登山で、万延元年（一八六〇）のイギリス公使オールコックの率いるイギリス人一隊をはじめとして、スイス人やオランダ人のグループ、フランス人、アメリカ人など、明治八年（一八七五）までに百人以上が登っている。この明治八年頃には、いわゆるお雇い外国人だけでも五百人を越える外国人が来日しており、それぞれの研究調査のため、あるいは趣味として日本の山々に登った人が多い。白山に登ったライン、磐梯山、月山、鳥海山、岩木山、阿蘇山、浅間山に登ったミルン、妙高山、焼岳、立山、爺岳、蓮華岳、槍ヶ岳、乗鞍岳、御岳に登ったとされるガウランド、白山、立山に登ったアトキンソン、いずれも明治一二年ごろまでの登山であって、明治二〇年代後半のウェストンの登山よりはるかに早い。そのほかマーシャル、ダイヴァス、ディクソン、サトウ、チェンバレン、その他多勢いる。

第三に、世俗人の遊びの登山に価値をおき、宗教者による登山を差別して退けているが、それもこれも同じ登山のはずである。ロープ、ピッケル、登山靴、ジャケツ、登山帽子、そんな装備をもたないと本当の登山ではないというのだろうか。信仰登山は日本では飛鳥奈良時代に始まって立山、白山、御嶽山などが開山され、江戸時代には日本中央山脈では笠ヶ岳、木曽駒ヶ岳、甲斐駒ヶ岳、宝剣岳、槍ヶ岳が開山されている。

第四に「日本アルプス」の名を世界にひろめたといっても、その名を知る人は少数の山岳関係者に限られ、一般にはいないといっていい。そもそもアルプスといえばヨーロッパ・アルプスにきまっているのに、その名を冠したイミテーションにだれが興味を持とうか。本物さえあれば、模造品はいらないのだ。その点ウェストンは逆に日本に損失を与えたとさえいえるのである。

第五に、登山による生命飛躍をいうなら、志賀重昂の『日本風景論』に優るものはないだろう。『日本風景論』の筆致は山岳に神霊を見る彼の立場そのままに神韻縹渺の趣を湛え、読むひとをひきつけてやまない。それに比べるとウェストンの『日本アルプスの登山と探検』は、自分がいつどこでなにをしたかを記しただけの登山記録にすぎない。小島烏水すらウェストンの文には詩的な感興に乏しいという。「日本ほど美しい自然と自然の文学を有している国もなかろうと思うのに、英文で書かれた傑作はほとんどない。ウェストンの『日本アルプス』は日本の山岳文学として英文で書かれた最初の、唯一のまとまった本であるが、惜しいかな、ウェストンには詩がない。

詩がなくて人が動かされた例がない」[11]。そう小島は言っている。

山は天界であり、韻文の世界である。情緒感動の世界である。宗教家ならずとも敬神の念を抱き、詩人ならずとも涙してうたわんとする。志賀重昂はいう、「君是に到りて人間の物にあらず、宛然天上にあるが如し。そぞろに太気の清新洗うが如き処に長嘯し、兼ねて四面の闃然寂静なる裡に潜思黙想せば、君が頭脳は神となり聖となり、自ら霊慧の煥発するを知る」[12]。登山家に詩的情感をたたえた文章があって自然と思えるが、ウェストンにはそれがない。それは書く人に宗教性が乏しいことにも関わりがあろう。ウェストンがキリスト教伝道者であるだけに、天上に近いところに登れば、神を賛美しもしよう、キリスト像の一つも山頂にたてるだろうという期待は裏切られる。彼はせいぜい旧約聖書の詩編のなかの頌歌を思い出す程度である。山登りするわけを尋ねられて、ただおもしろいからだ、スポーツの醍醐味を味わうためだ、というばかりである。猪のようにただ猛然と歩き回っただけのようにみえる。

同じ日本中央山脈に登った同じ宗教家である播隆上人が、笠ケ岳の頂上にも、槍ヶ岳の頂上にも仏像を安置し、衆生の救済、国家の安泰を祈念して一向に念仏専修したのと大違いである。しかも播隆は住む場所とて、岩窟か小屋であり、水で溶いたそば粉だけを食べ、着るものは年中木綿のひとえ一枚と袈裟だけだったという。これが同じ宗教者かとあきれるほどだが、ウェストンは山ばかり登って本職の牧師の仕事の方はどうしたのだろうか。イギリスに帰っても副牧師にしかなれなかったのはそのためだろうが、熱心な牧師でもなく、また有能な牧師でもなかったとみえる。それでも三度も来日し、延べ十三年も日本にいたにもかかわらず、日本語がほとんどできなかったということは伝道者として失格というべきであり、結局日本にきたのは、伝道でなく登山が目的だったといわれても仕方がないだろう。播隆とちがって、ウェストンは宗教者でなく、俗人なのである。『極東の遊歩場（プレイグラウンド）』という本の題名通り、山は人間の遊び場、スポーツの運動場にすぎなかったように見える。

第六に、日本文化への理解力や洞察力についてだが、日本語を知らなくては、山歩きはできても、日本の社会や文化を理解することはおぼつかない。『日本アルプスの登攀と探検』や『極東の遊歩場』などの登山紀行には、道に見かける看板などの英語のあやまりを面白半分に指摘することがよくあって、異国で自国語があやまって使われるのは当然事として話題にするに足りないということがわかっていない。あるいは宿屋や村長の家でいかに自分が歓待されたかとか、宿屋で蚤になやまされたとか、となりの宴会がうるさいとか、その程度のことがよく書かれている。上条嘉門次や根本清蔵といった案内人から槍ヶ岳登頂の先達である播隆上人について当然なんども耳にしているはずなのに、一言もふれていない。あるいは、山頂に立つや清蔵が「やった、ウエストン様！」と叫び、くりかえし歓喜の輪がひろがった、などといかにも得意顔である。後期の著述である『知られない日本の徒歩旅行者』や『日本』には日本の文化や社会の観察が多くなっているが、『大君の都』を書いたオールコック、『日本文化史』のサンソム、『一外交官のみた明治維新』のサトウ、『日本事物志』のチェンバレンなど、同じ時代の同じイギリス人の理解の広さ、洞察の深さには遠く及ばない。それを「日本人として感嘆に堪えない」と評するとはどういうことだろう。

第七に、登山自体の功績についても疑問が多い。ウエストンの登った山々はすでに先人が登った山ばかりであって、初登頂というものはなく、ウェストンによる初めての登頂といわれる槍ヶ岳北鎌屋根にしろ奥穂高南壁にしろ、日本の登山史上新しい時代の到来を告げるものとされているが、従来とはちがう別経路による登頂にすぎない。また、鳳凰山地蔵岳はウェストン初登攀としばしば記され、自身も著書や雑誌寄稿文でくりかえし自慢の種にしているが、昭和九年の調査で山頂に懸仏、古銭、剣、鉾などが多数発見され、平安、鎌倉、室町時代に登頂されているのが確認されている。結局、登山の功績もとりたてていうほどのものではない。

以上を総合すると、この人物はどうやら大変な過大評価をうけていたことになる。

近代日本の犯した最大の評価ミスではなかったろうか。小島烏水の述懐(13)によると、明治四五年ウェストンは彼の日本アルプス講演会をしたあとの車中で、六百人という聴衆を集めた大変な盛況ぶりに興奮醒めやらぬ様子だったそうだが、自国では一向にうだつのあがらぬ自分が日本では好き放題なことをして感謝感激されるのだから、不審がり興奮したのも無理はないだろう。

ではなぜそんな過大評価を受けるようになったのか。私には、それは小島烏水ひとりに結びつけて解けてくるように思われる。つまり、小島が日本山岳会を作り、近代山岳界に重鎮として君臨するにいたった、その立身出世を促進してくれたのが彼だったからではないか。「ウェストンは日本の自然からの贈物だった」という小島の賛辞は、実は小島ひとりへの贈物であって、その私的事情が公的な事情へとうまく転化したのが、ウェストン崇拝のいわれではなかったか。登山は趣味であって職業ではない。趣味の世界はナーナーヨーヨーの世界だから、あれこれ言えば嫌われるとしたものである。その上、貴顕の政界財界の有力者も相当数いた日本山岳会のことである。大正時代の欧化主義、西洋崇拝の風潮にもうまく乗って、「日本アルプス」と「ウェストン」とはひろまったのだろうと推測される。

近代的登山と宗教的登山

日本の高山には二様の登山者の群がみられる。白装束に身をかためた信仰者の群と、洋式の服装や装備をした登山服姿の群とである。一方は宗教的登山ないし信仰登山といわれ、他方は近代的登山といわれる。宗教的登山が敬神あるいは修行を目的にするのに対して、近代的登山は遊び、身体の鍛練、スポーツのためである。別の言い方をすれば、宗教的登山は神主体であり、近代的登山は人間主体である。

日本では近代的世俗的登山は江戸時代にはじまっているが、山をただの物とみなして征服するなどの考えは生じることがなく、山を想い慕う気持ちがつよかったといえる。そこには前代までの登山のもっていた宗教性の残存がある。しかし明治以後になると、近代的登山にはただ世俗的の意味だけでなく、西洋的な見方や西洋的な装備をもった新式の登山の意味が加わる。西洋的な見方とは、山を人間の娯楽の手段あるいは挑戦征服の対象とみなすことであり、西洋的な装備とは、ザイルとかピッケルとか靴、帽子など新式の服装とか、ロック・クライミングなどの技術である。

明治以後の登山家たちは近代的登山と宗教的登山とを峻別し、近代的西洋的征服登山を全面に押しだして、前代までの信仰登山と訣別し、さらには日本的世俗的登山とも一線を画しつつ、それらに対する優越性を誇示しようとした。

しかし考えてみれば、宗教的登山も日本的世俗的登山も西洋的世俗的登山も、登山という原点で変わるものではない。峻別訣別するというのは本来できるものではない。その上、征服的登山観は今日にいたるまで日本人にはなじまないものである。明治以後の西洋的近代的登山のみを掲げるというのは、西洋の見方で山を独り占めにしようという驕慢のそしりを免れないし、長い歴史をもつ自己自身をも欺いているといえるだろう。

「日本アルプス」という名称を未だによしとし、ウェストンを相も変わらず称賛する風潮の背後には、この西洋式登山の思想をもって、さらには西洋文化一般をもって優等とする誤った観念がひそんでいるとみられる。そこで、以下少し日本の登山の歴史と思想をふりかえり、西洋のそれと比較してみることにしよう。

日本の登山史(14)

日本では古くから山を神として崇め祀る習いがあり、古代のひとは山麓の一隅に浄地を区切って神を祀った。この山を尊ぶ思想は、奈良時代になって仏教や道教と混合して修験道となり、山奥深く入って修行を重ね、超自然力をえて呪術的活動をおこなう修験者（山伏）が全国各地に生じた。中央では金峰山と大峰山、地方では立山、白山、木曽御岳、石槌山、伯耆大山、英彦山、羽黒山などは修験者の活動する場所となり、ひろく一般のひとからも霊山名峰として尊ばれた。この山岳宗教は平安時代に入っていっそう盛んになり、最澄によって比叡山、空海によって高野山が開かれ、各地の霊山はますます多くの修験者を集めた。

修験道は鎌倉時代さらに室町時代と盛んであったが、江戸時代に入って衰退した。当時の修験者では、野田泉光院成亮（一七五六―一八三五）が英彦山、石槌山、富士山、羽黒山、湯殿山、開聞岳、阿蘇山、雲仙岳、伯耆大山、白山、赤城山、榛名山、妙義山、浅間山、立山、鳥海山、筑波山など全国の名山に登り、宥快は信州有明山を開山し、小尾権三郎は甲斐駒ヶ岳を開山した。彼らは山に籠もって苦行修練の実践を重ねる修験者＝山伏であったが、他方また、より自由な信仰のありかたとして、全国を遍歴しながら修行する遊行僧もいた。なかでも円空上人と木喰上人が名高い。

円空上人（一六三二―一六九五）は高山の岩窟に参籠して修行する半僧半俗のひじりで、各地に素朴な木彫りの仏像を残した。愛宕山、伯耆大山、阿蘇山、霧島山、石槌山、伊吹山、岩木山、鳥海山、羽黒山、筑波山、富士山など全国の名山に登り、日本中央山脈では乗鞍岳、立山、木曽駒ヶ岳、木曽御岳、笠ケ岳に足跡を残した。播隆上人の記す円空の五岳練行の五岳とは、笠ケ岳、槍ヶ岳、穂高岳、硫黄岳、乗鞍岳を指すとみられ、こうした山々にも登ったと考えられている。

木喰上人(一七一七—一八一〇)も円空上人とおなじく全国を渡り歩き、無数の木彫仏像を各地に残した。妙義山、榛名山、筑波山、湯殿山、月山、羽黒山、鳥海山、富士山、恐山、浅間山、妙高山、石槌山、霧島山に登っている。調理したものは口にせず、ただソバ粉を水に混ぜて常食とし、寝具を用いず、夏冬とも法衣一枚で過ごした。一枚歯の高下駄で山野を風のように駆けまわったという。

円空上人や木喰上人以上に日本中央山脈に縁が深いのは、播隆上人である。播隆上人(一七八二—一八四〇)は、飛騨の岩屋で参籠修行中に笠ヶ岳再興を志した。笠ヶ岳はすでに室町時代に道泉和尚が登り、江戸時代に入っては円空上人と南裔和尚が登っていたが、南裔ののち四十年が過ぎて登山道がなくなり、参拝者が絶えていたので、再興を決心したという。文政六年、七年(一八二三、二四)に計四回登山し、三回目のときは村人十八人、四回目のときには六十六人が同行した。途中一里ごとに道標の石仏を立て、頂上に仏像三体と神鏡、宝印を奉納し、念仏称名の勤行をおこなった。雲中に何度も五色の輪が現れ、その中に阿弥陀仏が拝まれ、みな歓喜の涙を流して喜んだ。

笠ヶ岳再興を果たした播隆は、ついで槍ヶ岳の登拝に向かい、文政九年（一八二六）以後計五回も登頂し、精進勤行に励んでいる。諸国で募った浄財によって仏像を頂上に安置し、また、長い鉄鎖を頂上にかけて登拝者の便をはかった。木喰上人と同じくソバ粉を水に溶いて常食とし、木綿のひとえ一枚と袈裟だけで夏冬を過ごし、人と話をすることを避け、日夜念仏に精進した。山に登るに木履をはき、その身の軽いこと、険阻な山谷を渉るのも自由自在、さながら鳥が飛ぶようであった、と伝えられている。弟子のひとりはそれを記して「凡人の思議すべからざるところなり」と驚嘆している。私たちはそこに、なにものにも揺るがぬ堅忍不抜の信仰、山への絶大な信頼と渇仰の思いをみることができる。播隆にとって登山とは、神仏に真近に接する喜びの登拝の行事であったにちがいない。

播隆の言葉をいくつか記しておこう。

「仏恩報謝の思い切なれば、人倫応対の言語を止め、念仏にあらずんば唇舌を動かさじと誓い、塩穀を断ち、無言の別業相違なく相勤めおわんぬ」。

「高峰に登り、清心を澄ましめ、念仏修行せばやと存じて、それより深山に分け入り分け登り、尾越え峰越え、谷を越え、岩々峨々として険峻なること言わんかたなし、ようようにして絶頂に登る」。

「仏祖方ご苦労の深恩なれば、岩間樹下の止宿も、難所開闢の苦労も、みなこれ仏恩報謝と心得、念仏したまえしと申せば、取持中いずれも勇み進んではたらけり」。

柳宗悦（『宗教随想』(15)）は、この播隆上人を称えて次のように言っている。

「ウェストン以前に日本人で偉大な登山者はなかったのか、恐らく修験道の行者たちでこれを試みた者は相当にあったのだと思える。しかし、その中で最も偉大な一人だと思われるのは播隆上人である。今日、上人筆の「南無阿弥陀仏」の石碑などが遺ることでもわかる通り、彼は念仏の行者であった。彼が槍ヶ嶽の高く聳える鋭い頂を遠くから眺め、霊感に打たれ、魅せられる如く、道を探し求めて、それに登る物語は誠に胸を打つものがある。今から百四、五十年も前のことであるから、どんなに苦労を嘗めたかわからぬ。それに登る気持は、今の若い人たちの想い及ぶものではあるまい。三、四回も登って頂に祠を建立し、後に来る者のために険阻な個所には鉄の鎖をさえ準備した。誠にその登山の内容から見て、ウェストンのそれにまさるものがあろう。

だが日本の登山者で幾人が彼の名を知っているのか。いわんや幾人がその行跡を解しているのか。ウェストンの名を知っていても播隆の名はしらぬ。だからウェストンを賞揚して記念碑を建てても、播隆上人にはそれを捧げぬ。なぜ日本人は、日本の大なる登山者をまず記念しないのか。説明はいとも簡単で、日本人の不当な西洋崇拝による。もしウェストンが播隆上人を知っていたら、大なる先輩として、絶大な賛辞と敬意とを上人に献げたであろう。ウェストンを認めるのはよいが、播隆上人を忘れる日本人の浅さを想う。槍ヶ嶽を見るといつも私にこの嘆きが湧く。

もし播隆上人が西洋に生まれていたら、彼は遥かに多く、また深く認められていたであろう。そうして、もし西洋人で日本登山者伝を書く人が出たら、きっと播隆上人を忘れずに記すであろう。或いはこれを待って日本人が始めて上人を認めるようになるかも知れぬ」。

江戸時代における近代的登山のはじまり(16)

戦国時代から江戸時代にかけては、以上のように宗教者による登山活動が継続し、日本中央山脈にも大きな足跡が残されたが、同時に宗教的とはいえない新しい種類の登山活動も始まっている。それには五つの種類がある。

第一の種類は戦国期の軍略登山である。信州の大門峠越え、飛騨の安房峠越え、越中のザラ峠越えなどがなかでもよく知られている。大門峠と安房峠は、甲斐の武田信玄が信州から飛騨へ侵攻するさい大軍を率いて往来した。ザラ峠は、織田信長の武将佐々成政が越中から遠州へ向かって厳冬の雪中を強行突破した峠である。そのほか、越後の上杉景勝は朝日連峰を越える軍用道路を建設している。

第二の種類は、徳川幕藩体制のもとで諸藩の山林管理保全のために行なわれた登山である。日本中央山脈周辺の加賀藩、松本藩、尾張藩、高遠藩などは山奉行をおいて、材木の伐採、植林、管理、課税などを行なった。加賀藩では毎年夏黒部奥山回りを行ない、その足跡を飛騨山脈の北部一帯に残している。上高地を中心にみごとな山林地帯を有していた松本藩や木曽美林地帯を領有していた尾張藩も、定期的に巡見隊を派遣し、山林の状況を地図にして、藩主に報告させた。木曽駒ヶ岳の東側の高遠藩でも、七十人、百人といったおおがかりな登山隊を編成してたびたび山岳地帯を見分し、詳しい登山記録を残している。日本中央山脈の北部と中央部は、こうして徳川時代二百七十年の間にくまなく踏破されていた。

第三の種類は採薬登山である。江戸幕府は本草学を奨励し、採薬使を各地に派遣し、薬草木を採集研究させた。植村政勝は三十四年間全国を巡回し、鳥海山、富士山、高野山、大峰山、石槌山、立山にも登り、『諸国採薬記』九巻を著した。『中陵漫録』を書いた佐藤成裕、『富士採薬記』『紀州採薬記』『駿州志州採薬記』を著した小野蘭山、『木曽採薬記』を記した水谷豊文、『濃州信州採薬記』を記した大窪昌章、『白山草木志』を著した畔田翠山。彼らも幕府の命令によって諸国をめぐり、深山に入り、山中の仮小屋に泊まっては、珍草奇木を数多く採集した人たちである。この本草学者の登山には日本古来の宗教的色彩はなく、冷静な科学的探求のためという新種の登山タイプである。

近世になるとこのように軍事、政策、科学など多方面に山登りが広がってきたが、それらとは別に、山登り自体を楽しむ風潮が文人墨客のあいだにみられるようになった。これが第四の種類の登山で、池大雅、谷文晁、橘南谿、安積艮斎（あさか・ごんさい）などが知られる。南画家の池大雅は白山、立山、鳳来山、伊吹山に登り、富士山には三度も登っている。谷文晁は「自分は幼いときから山水を好み、四方を漫遊し、名山大川に会うごとに必ず図におさめておく」と『名山図譜』にのべているが、そこには富士山、妙義山、八ヶ岳、赤城山、白山、立山、阿蘇山、伯耆大山など八十八の山々が描かれている。医者の橘南谿は全国を漫遊し、諸山を歴訪して、『東遊記』『西遊記』などを著したが、彼も「自分は幼いときから山水を好み、ほかの国の人と会うときは必ずその地の名山や大川のことを尋ねる」と言っている。儒者である平沢旭山は諸国遊歴の紀行を『漫遊文草』にまとめ、自分は生まれながら山水を好む病があると述べ、富士山、榛名山、妙義山、浅間山などの登山についても記している。

地理学者の古川古松軒は阿蘇山、英彦山に登って『西遊記』七巻を著し、文人の鈴木牧之は中部地方一帯を旅行して『北越雪譜』を著した。また、漢学者の安積艮斎は関東一帯の山々に遊び、自分は山水だけを深く愛し、山水を好むことは天下の至楽だと言っている。神官の生方正方は鳳凰山の登山記『大鳥ヶ岳に遊ぶ記』を著し、文人の津田正生は槍ヶ岳に登って『槍ヶ岳日記』を残し、尾張藩士某は白山、立山、富士山をめぐり『三の山巡』を記した。また、南画家の野呂介石は大台ヶ原山の調査記録『登大台山記』を著し、医師の高島章貞は当時訪れるひとのなかった上高地を訪ね、穂高の神岳を仰いで『穂高岳記』なる一文を草している。そのほか、富士山をはじめ各地の名山に遊んだ文人、学者、医師などの紀行文、日記、詩歌の類は枚挙にいとまがないほどある。

最後の第五のタイプの新しい登山は、講中登山である。

民生が安定し陸海の交通網が発達整備した江戸時代には、多くの人が旅行を楽しむようになり、伊勢神宮をはじめとして神社や仏閣に参詣することを目的にする講という団体組織が各地に形成された。それにあわせてまた、富士講、月山講、大山講、御岳講、立山講など山の登拝を目的にした講組織も作られ、山の霊気に心身を清めようとして、村々や町々から集団でひとが登山するようになった。

富士登山はすでに室町時代に一般化していたが、江戸時代に富士講が生まれてからは一層賑わうようになった。富士講の登山は一九世紀前半の文化文政期にもっとも盛んで、関東では十万人の農民が講に加わったといわれる。木曽御岳、出羽三山（羽黒山、湯殿山、月山）、立山、相模大山などの講中もよく知られる。参加者はまず何日ものあいだ身を清め精進を重ねたあと、白衣に身をつつみ、桧笠・杉笠をかぶり、金剛杖をついて出発し、山麓の宿坊に泊まり、御師の先導で登山し、山頂の社祠に参拝した。

この第五の種類の登山は宗教的である点、上古から脈々と続く宗教的登山の系列にはいり、上にあげた新しい四種の登山とはちがっている。しかし、円空、木喰、播隆など宗教者の凄絶な苦行修行のための登山ではもとよりなく、一般俗人の物見遊山の意味も加わっているから、世俗性の点で四種と共通している。

近代的登山が山を調査探検したり、あるいは山登りを楽しみ、身体を鍛え、英気を養うというところに特徴があるとすれば、以上のように、その特徴を具えるいくつもの登山タイプが次々に現れた江戸時代は、まさに近代的登山開始の時代と呼んでよいだろう。宗教的登山に代わって世俗的登山が登場するのは、日本以外の文明に例がない。それは、ちょうど西ヨーロッパでそうした目的をもった世俗的な登山活動が開始した時期と重なっており、しかも互いに独立に生じている点、日欧のほかの歴史上のいろいろな類似現象の並行とあわせて注目される。

ヨーロッパの山岳観と登山史(17)

高く聳え立つ山は、世界のいたるところで神の住む聖所として崇められた。インド神話では、宇宙の中心に神々の住むメル山(須弥山)があり、これを囲んで海があり、さらにそれを岩石の壁がとり囲んでいる。トランスヒマラヤの南のカイラス山(六七一四メートル)は、ヒンズー教のシヴァ神の居所とされ、今日でも巡礼者が絶えない。また、ヒマラヤの山々は広く信仰の対象であり、現代でも登山隊が登頂を許されないところがいくつもある。

ギリシャ神話の神々も、ゼウス神をはじめオリュンポス山に住んでおり、やはり山は神聖なところである。ユダヤ族の旧約聖書に記されるモーゼが十戒をうけたホレブ山（シナイ山脈）というのは、古くから神の山として崇められていた。イラン北部にあるエルブルス山脈は、ゾロアスター教徒によって天国に通じる世界中央の山とされた。アメリカ大陸では、南米アンデス六七二三メートルの高峰の頂上には、八百年も前の祭祀場のあとがある。

山と人類の関係はこのように常に宗教的である。山は天に近い。世界のいたるところで、さまざまな宗教の僧院が山岳地帯に建てられたのはけだし当然であろう。しかし、ヨーロッパ地域では山の神聖視は他の地域ほど強くないような印象を受ける。

古くローマ帝国の時代、ヨーロッパ最大の山脈であるアルプスは、「恐ろしい」「怖い」といった嫌悪忌避の表現でもって記されている。アルプス山脈は「地下の国に通じる深い裂口が開く地上の地獄であり」、「永遠に寒い冬の国であり、旅人はめまいに襲われる」。ゲルマン族がヨーロッパを支配したいわゆるキリスト教中世の時代になっても、この考えは変わることなく、旅行記はアルプス山脈を恐怖と不安の念をもって記し、その壮大な美しさを描きだすことはなかった。そこは血や火を吐く龍の棲む処であり、道のほとりには悪魔が敬虔な旅人を待ち伏せし、地獄に落とそうとする。巨人が荒天、雪崩、山崩れをひきおこす。高い山上には悪魔や侏儒が財宝を隠し護っている、とされた。

民間伝承でよく知られるのはリューベツァールという高山の支配者であって、巨人、修道僧、小男、動物などの形をして、山の財宝を護り、一人旅するものにいたずらをして道を迷わせたり、腹を立てると雷雨や雹を降らせたりする。また、アルプス山脈に限らず、ヨーロッパの高山にはいろいろな霊がいて、北方スカンジナビアのトロルという山の霊は、昼の光をさけて暗闇を好み、いろいろな姿形をとってひとに不幸をもたらすとされた。

高山で日の出や日没時に霧に投影される山や人の像をもって、ヨーロッパ人は「ブロッケンの妖怪」というが、妖怪と呼ぶのも、山が恐怖の念で見られていたからにちがいない。播隆上人の一行が笠ヶ岳と槍ヶ岳でこの現象に阿弥陀仏の姿をみて伏し拝んだのと、大変な違いである。ブロッケンとは中部ドイツにあるブロッケン山（一一四二メートル）のことで、四月末日のワルプルギスの夜に魔女たちが箒に乗って集まるところとされる。一八六五年マッターホルンの登頂者たちはこの妖怪に出くわし、下山中に遭難した四人の仲間の運命はこの現象に結びつけられた。

ヨーロッパの山岳から恐怖のヴェールがはがれたのは、漸く一六世紀に入ってからである。チューディ、ゲスナー、ジムラーなどの啓蒙家が現われ、例えばゲスナーは「身体に高貴な訓練を与え、精神に喜びを与えるために、毎年いくつかの山に登ることにした。山々の壮美な姿を眺め、雲中に立つことは何たる喜びか」と言っている。そうした考えは次第に浸透していって、一八世紀も末になると、古い先入観をもって山を眺める知識人はほとんどいなくなる。それまでは軍事や商用でしか登らなかった高山や峠は、いまはスポーツ登山の目標になる。一九世紀の後半はアルプス登山の古典期とされるまでに多くのひとが登り、一八七〇年までには目ぼしいアルプス山脈の山はすべて登頂されてしまっている。

このようにヨーロッパには宗教的信仰登山の時代がなくて、近世に入っていきなり世俗的登山から登山史がはじまっている。主体は人間であって、山は物として人間の娯楽スポーツの手段とみなされ、高い山岳は征服されねばならないものとされる。

「山へなぜ登るのか」という問いかけがよく話題になるが、この問いに、エヴェレスト登頂をめざしたマロリーは「山がそこにあるからだ」と答え、エヴェレスト初登頂のヒラリーも同様の答をしていた。「山の挑戦、これがわれわれを駆り立てる。一切のくだらぬ比較を越えたものだ」というひともいれば、「山はわれわれに挑みかかってくる。われわれは山頂を足下に踏み従えずにはおかない」というひともいる。(18)

われわれ日本人には西洋人のこうした山を征服するという考えにはなかなかなじめず、山登りは霊気にふれて心身を清めるといった、なかば宗教的な見方をするのがふつうである。

なぜこんなちがいがあるのだろうか。「自然は悪の根源であり、魔の棲家である」とはボードレールの言葉であるが、それが西洋人一般の常識であるなら、このちがいが生じていっこうに不思議ではない。ではなぜ自然は悪なのか。西欧各地の美術館を訪れると、古い絵に爬虫類、軟骨動物、蜘蛛、こうもり、竜、骸骨、腐った魚、黴の生えたパンといった不気味な素材を扱っているのがむやみに多いのに気づく。現代絵画にも人間の顔をした鳥、葉や蔓から人間が飛び出している植物、顔の二つある人間、歩く骸骨などの醜形異形が描かれることが多い。ヴォルフガング・カイザー（『グロテスクなもの』[19]）は、「グロテスクな世界は空想の世界でなく、われわれの世界なのである。われわれに親密な、みかけでは秩序整然としているこの世界が深淵からの勢力によって疎外されていることを知って、恐怖は激しくわれわれに襲ってくる」と言っているが、この言葉はまさしくそれに符合している。ふだんわれわれは西洋人の話や書くものになんのためらいもなしにでてくる「自然の征服」という考えに、奇妙な感じを抱くとしたものだが、根底にこの不気味な自然という自然観があると知れば、なるほどと納得がいく。実際ヨーロッパの自然風土に相当期間身を曝していると、北ヨーロッパにしても南ヨーロッパにしても、人間へ働きかけることなく、むしろ人間が働きかけるのを待っているといった弱々しい性格をもつことがわかる。西洋の自然は半ば死の自然といっていいだろう。

それに比べて、日本の自然は生命力の充満横溢する自然である。日本の自然は万物を恵み育てはぐくむ母なる自然であり、さらにまた、師表として人を強く教え導く厳父の気質をもそなえている。そうした自然は、征服とは反対に人の思慕渇仰するところとなってこれまた当然であろう。山はわれわれを森厳冷爽な気をもって迎え、生命を蘇らせ、精神を高めてくれるのであって、登山の目的は宗教的な拝礼にならざるをえない。

もともとヨーロッパ人の気質も日本人の気質も、先天的に定まっているのか、それとも自然風土のせいでそうなったのかわからないが、人間のありかたと自然風土のありかたは、このようにヨーロッパと日本において、それぞれ適合の関係にある。

日本登山界の体質

明治時代は日本が日清戦争や日露戦争などによって世界に躍り出た時代である。しかし、そこには「脱亜入欧」という言葉にもしめされるような西欧に模倣追随する姿勢があった。明治天皇は断髪し、洋装になった。鹿鳴館では、燕尾服やローブデコルテ姿の日本人が西洋音楽にのってダンスに興じた。

日本の過去の伝統文化を蒙昧とし、明治になってはじめて文明化したかのごとき「文明開化」の考えは、その後もかわることなくつづいた。政治、軍事、教育、芸術、文学、風俗、なにもかもヨーロッパ漬けになり、日本本来のありかたは片隅に追いやられた。その趨勢は、非欧主義を掲げた大東亜戦争のさなかも底流として持続し、戦後に一気に表面化した。私はおよそこの本を書くまでは、登山の世界のことは何一つ知らなかったが、何冊かの本を読んで、ここにも、というよりはほかより一層徹底した形で、西洋崇拝が支配しているのに驚かされたものである。

ガウランドが「日本アルプス」the Japanese Alps と呼んだのは、前にも見たように、「日本にみられるアルプス山脈」ほどの意味だったろうが、ウェストンや小島烏水らの喧伝によって日本にひろまった「日本アルプス」は固有名詞となっている。それが大正年代には抵抗なく広くつかわれていたということは、いかにも欧化思想の浸透定着なくしては考えられない。戦時中、野球の「ボール」「ストライク」などの用語は禁止されたのに、「日本アルプス」にはお咎めはなかった。これこそ実は、「ボール」「ストライク」などよりも露骨な西洋主義だというのにである。「日本アルプス」が固有名詞となることは、ヨーロッパのアルプスの風下に甘んじる姿勢の表明であった。独立自存の山脈でなく、本場物、本物のコピーにされた。そこに、本場物には到底かなわない、背伸びしようにもどうにもならないという情けなさ、劣等感が日本の山岳人に植えつけられていった。

「私にとってはなにもかも初めてである。氷河を歩くこともそうであった。ミディ山頂駅から氷のトンネルを抜けると、いままでとは違いまったくの銀世界が開けた。どこまでもつづく白い山々、なんとすばらしいのだろう。あの山もこの山も、日本で見た写真よりもはるかに美しい。いま、私は本当にヨーロッパ・アルプスの中にいるのだ。白い山に囲まれ、あこがれの山々を目の前にして、まるで子供が欲しい物を手に入れた時のようにはしゃぎ、大声を出して喜んでいる私だった」（鴨秋子）。

ここには本物のアルプスを眼前にする喜悦、感動の思いがほとばしりでている。テレビ・コマーシャルのひとこまに、西洋の古いオペラ劇場の中で円形の高大広壮な観客席を感に耐えない表情で仰ぎ見回わす一人の日本人を写し出したのがあったが、これとそれとはまさしく同じ場景である。むかし、昭和初期の洋行帰りは船が神戸港につくと泣き出すものがいたそうだが、それもこれも、東洋の日本の土壌に生きていながら、西洋のメガネでしか見れない盲者亡者の嘆きであった。

かくて西洋的山脈「日本アルプス」に、半ズボン、ステッキ、羽根飾りのついた帽子のいでたちで登っては、遥かスイスやフランスに想いを馳せ、「アッサンシオン」とか「ベルク・ハイル」と叫び、山を下りては、洋室のソファーに座って、洋楽を聞き、洋画を鑑賞する。そうした流行というより習慣が、日本登山界の人びとのあいだに根づいていった。その西洋狂いのさまは、ほかの領域よりもはるかに大きいという印象をうける。

書いたものにも話しことばにも、いまカタカナ洋語が氾濫しているが、それはここ十年、せいぜい二十年のあいだの話である。ところが山の世界では驚いたことにずっと昔からそうなっていた。

「大日の雪峰は絵や写真に見る雪のマッターホルンそのままである。へどうだ、もうスタイクアイゼンにしちゃ〉一人が皆の足下を見ながらいった。八本の鋭いそのツァッケはクルステに気持ちの好い音を立てて突き刺さる。……朝の陽を受けたどの峰も、皆麗しい桃色に輝いて、話に聞くアルペンのモルゲンロートを思わせる」（三田幸夫）。

「シキーデポーからザッテルまでは三三米ぐらいの登行距離だったが、その間は深雪のシュトゥーフェントレーテンのために非常な努力を要した。このザッテルから奥穂高の頂きまでのギフェルグラートはわけのない所だ。山陵の雪はクルステと岩ばかりだったので、ほどなく奥穂高の頂きについた。二、三ケ所雪の堅い急斜面のクェーヤガングにおいてわずかのハックアルバイトをもったばかりだった。まだこのような季節には登られたことのないこの頂きに対して私らは若々しいヘーエンライデンシャフトをもっていたのだった。それだけにつまらなかった。頂きに達してまだそこに一つの足跡さえなかったのを見た時、だれかが〈プルウミエル　アッサンション　アン　スキー！〉とでも、小声で叫んだ。すると、またそばにいた一人が、〈大してギッフェルグリュックも感じないや〉とまた小声で言っていたのをおぼえている」（大島亮吉）。

「未知の山陵へのプルミーエル・アッサンションヌ、ただ自分と友のエネルジーを唯一の力としてアルプスにおける歴史の一行を記す自分達としては大きな仕事のように思われる山陵へのエスカラド、しかも同じ日、同じ山陵にその初登攀の歓びを他の山のカラバンヌと争わんとした」(舟田三郎)。

「八ヶ峰の最も大きなシャルテに近づいていていったのが午後二時、霧はすでにまいていている。シャルテにてアンザイレンし、八ヶ峰後半へクレッテライを始めた。八ヶ峰の一つのシュピッツに達したのは午後四時だった」(小笠原勇八)。

こうした文例は枚挙にいとまがない。[20] これらはいずれも大正時代の人たちの文章である。これを書いた人も、文中で叫んだ人も、内心、日本の言語が西洋語であってほしいと願っているかのようにみえる。黒い羅紗のズボンに白いシャツ、その上にジャケツを着て、チロール帽をいただき、鉄鋲を打ち込んだ登山靴をはいたスタイルもこうした言葉づかいとあいまって、ヨーロッパ・アルプスの登山気分に浸りたいという切ない憧れを示している。いかにも幼いお坊ちゃま連の言動ではあるが、何十年もたった後の現今の山岳人の意識も、書物や雑誌を読むかぎり、それと大差ないように見うけられる。

幸福な錯覚がえられる？

宮下啓三は『日本アルプス』(21)という著書のなかで、「日本アルプス」という名前を擁護し、積極的にその効用を説いている。氏の主張は一言で、アルプス名は幸福な錯覚を与えてくれるというにある。

「日本アルプスを見てスイス・アルプスを何分の一かであっても見た気になったり、日本アルプスに登りながらほんもののアルプスを登っているかのように思うことは、錯覚にすぎないにしても、幸福な錯覚、生産的な錯覚である。」

「想像力の豊かな者は、感覚のにぶい者の二倍、三倍旅を楽しむ。美しい錯覚に酔うことのできるひとは、冷静な第三者のいうことなど気にもとめない。」

「日本には〈見立て〉の伝統がある。日本各地に〈富士〉の名のつく山が分布している。庭の築山も風流の見立ての伝統だ。島国に閉ざされて海外にでる機会のない日本人にとって、自分の国にアルプスがあってくれることが、なんと大きな精神的な救いであることか。それは日本にいながらヨーロッパに身をおく喜びを与えてくれる」。

氏のいうようだと、東京をニューヨークという名にすれば、アメリカに行ったという幸福な生産的な錯覚に酔うことができることになる。利根川をドナウ河という名にすれば、幸福になり、二倍三倍の喜びにひたれることになる。十和田湖をレマン湖と呼べば、自分の国にレマン湖があることによって大きな精神的な救いが得られることになる。

果たしてそうだろうか。それが事実なら世界中いたるところにナイヤガラやキリマンジャロや揚子江があってしかるべきだろう。しかし実際には本物ひとつしかない。日本人だけが感覚が鋭く、ほかの民族はみんな鈍いのだろうか。そうではあるまい。酔えるのは逆に鈍感な人間の場合であって、感性の鋭い想像力の豊かなものは、喜びどころか逆に、身の置きどころのないみじめな気分になるのではないか。

また、氏は見立ての伝統というが、日本では通用しても、国際的には通じない見方である。富士山は絶美の秀峰としても、メキシコ人はポポカトペトル火山をメキシコ富士と呼ぼうとしなかったし、アメリカ人はせっかく日本人移民がワシントン州にあるレーニア山を「タコマ富士」と呼んでいたのに、まるで動じなかった。実際、他国、他地域の山の名前を借りた山は日本にしかない。ヒマラヤの最高峰エヴェレストは西洋人の名前からとったものだが、チベット人はチョモランマといい、今日ではこのほうが国際的に通用している。宮下が見立てを風流だということの是非はともかく、国際的にはただの真似ごととしてしか見られない。実際、すくなくとも「日本アルプス」は風流でなく、西洋崇拝からきたマネゴトであろう。

それになにより、氏の思考には民族の誇り、郷国の自負の念が欠落している。世界に他国ないし他文化の地名がないのは、誇りが許さないからである。そこが肝心のポイントだから、日本は怪訝な目でみられ、幸福や精神的な救いどころか、ああ、また日本人お得意のサルマネか、と逆に蔑まれ、みじめな思いをすることになる。

宮下はこの本のあとがきで、自分がスイスで新聞記者の問いに答えて「日本には三つもアルプスがある」と誇らしげに語ったことが現地の新聞に出て、日本にアルプスがあるとは驚くべきことだとでもいいたげな感じだった、と述べている。そして、自分は、むろん日本人が思い上がってアルプスの名を自分たちの島国の山脈にあたえたなどというつもりではなくて、日本にもアルプスがあるとは面白いというだけのことだった、と付け加えている。

宮下の思考には今いう肝心の民族精神の視点が欠けている。その上、氏の言動には下士官的な心理がはたらいているように見える。現地の新聞記者たちは、どうしてこの人は自分の国の恥さらしを平気でしゃべるのかと怪しみ、新聞の読者もそう受けとったであろう。彼らには他国の地名を自国の地名にするなど思いもよらぬことだからである。

ヨーロッパ・アルプスにはヨーロッパ・アルプスだけのよさ、美しさがある。日本中央山脈には日本中央山脈だけのよさ、美しさがある。それぞれ独立自存であり、独自である。それぞれの個性をたっとび、重んじるべきである。日本の山脈は、「日本アルプス」の名を付けられて、ほかの土地の山脈の風下に甘んじることになった。召使いになった。二流品、まがいものになった。いつまでも本物になれない日本のあわれな山々よ、声をあげて抗議せよ。日本の山脈を日本で静かに自足する山々であらしめよ。海外へいきたいという叶えられない願望とか孤立した圧迫感などの時代は、過去のものになったではないか。「日本アルプス」を眺めてセガンティーニやオフェリアを想うのでなく、日本中央山脈において日本の自然、日本の人文、日本の歴史、日本の芸術、日本の詩文学の風光を想うひとを育てよ。そうでなくては、日本人は一人前の国際人、世界人になれない。

おわりに

「山へ！山へ！　背負鞄を一つ肩へひっかけたままわたしは、濃爛な燈火の照り交わす都会の夜をしりめにかけて飛び出した。そして目指すところは？　それはとうから、山といえばすぐわたしの眼の前へ出て来るほどな、赤石山系──そのうちでもまた南の方、大井川の「奥山」なのだ。何でもそこの雪山が放つ紫色の光線の中にもぐりこめばいいのだ」。

この文章ではじまる中村清太郎の『冬の白峰山脈彷徨』(22)は、ひたすらな山への憧れの書、ないし、山への信仰告白の書である。彼は奥山へ突き進み、冬の寒風に身を切らせながら、山を越え、谷を渡り、斜面を滑落して、落葉のなかに身を沈め、遠く雪山を望んでは感涙にむせぶ。

「上れる極点まで上ると、雪と岩と松とがわたしをグルリと取り囲んだ。三角標もその中にあった。折れ残った櫓の一本足が大虚の一点を指している。私はほとんど失神したふうになって、しばらくは、おそらく大きく開いた眼をグルグルと四周に動かしていたにすぎなかろう。そして何とも知れず湧き上がる涙に、その眼をたえまなく、しばたたいていたにすぎなかったろう。満目の雪山氷山はいくえにも私を取り巻いて、数知れぬかしこき眼、親しい眼、懐かしい眼がやはりシゲシゲと私をも見守ってくれているとしか思われなかった」。

「そのあらゆるものの核心へまで徹するような波動は、おもおもしい大気に緻密な綾を織って、じっと何かをたもっているらしい静謐が、広く深く天地に罩めている。そして夜をおもわすこまやかな群青色の大空からも、また鋭い痛い氷雪の光輝からさえ、不思議な一種の暖か味がそれを伝わって流れて来るように感じられる」。

「大井川は絶えず濃い紫の息を吐くばかりだ。水はおろか河原も岸も一分一厘見えることではない。峡谷はもう常夜の国であろう。峰の雪は夜も覚めて、谷の水は昼でも眼を閉じているらしい」。

「私の眼は、感覚は、少しもとどまってはいられなかった。その向こうがまにまにきっとそこには新しい光りが示現した。生命の光だ、霊気の光だ、まことの幸福の光だ。無際涯にこの貴い光を総括し分散する浄玻璃の大殿堂に幽閉された、この幸福な囚人！」。

登山家にはパイプでもくゆらせながら人に語りかけるていの文章が多いが、この中村清太郎の場合、人に語るのでなく、天に嘯き、空に歌う趣がある。それはまるで風の音のようだ。五体を地に投げだすと、人は風になるのだろうか。これほど山への献身、自然への恭順を歌った他国の登山家の例を私は知らない。まさしく自然帰投を旨とする日本伝統文化の風土ならではの登山記というべきだろう。

このような人がいても、日本では特に目立たない。それが自然な人のありようだと受けとめられているからだろう。それほど自然は、日本では人間に親しく真近かで尊い。自然はひとをその懐にひきつけてやまない。明治時代はしかし、そうした風土を抜きにして「文明開化」の名のもとにひたすら西洋の文物や風俗の導入につとめた。西洋文化の根本思想は、自然を敵視し、征服利用すべきものと見る点で、日本文化の根本思想と対立する。文化と風土とはもともとひとつである。それを看過したところに、明治以後の文明開化運動の悲喜劇があった。登山界でも、日本山岳会は服装や登山用具ばかりか、山は征服利用するものだという観念を導入し普及しようとした。しかしつい最近も、白装束に身をかため、金剛杖をついて富士山の頂上に着いた講中の御師がテレビの放映のなかでいっていた「われわれの登山は征服ではなく、山はただありがたいのです」という感慨が、いまだに広く日本人の考えといっていいだろう。

西洋をけなすのではない。西洋は西洋として尊重すべきである。西洋には華やかに彩られた長い歴史と優れた文化遺産がある。独自の思想に基づく他の文化の追随を許さない驚くべき業績がある。同様に、日本は日本として尊重すべきである。日本には華やかに彩られた長い歴史と優れた文化遺産がある。独自の思想に基づく他の文化の及びもつかない驚くべき業績がある。西洋をして西洋たらしめよ。日本をして日本たらしめよ。

「日本アルプス」という名前を改めようではないか。場末でマガイものを見て喜ぶのでなく、本場で本物を見て喜ぼうではないか。日本の山を日本に返そうではないか。日本語名に改名することで、われわれはいたずらなコンプレックスから解放され、本来の自分に立ち帰ることができる。のみならず、そうであってこそ、この山脈はまともに世界のひとから相手にされることにもなる。

一応ここで「日本中央山脈」と呼んでおいたが、私は「日本連峯」ないし「日本中央連峯」という呼称を推奨したい。これまであげられた前述の「信飛国境山脈」や「飛騨高原山彙」のほか、神通川と天竜川とを結ぶ山並みの意味で「神竜山脈」という名前も考えられないではないが、「日本連峯」はこの山脈の雄大さ、美しさ、遥けさを髣髴とさせる一番の表現ではないかと思う。(23)

ウェストン崇拝もやめようではないか。この人よりも前に日本中央山脈諸峯の登頂をはたした人は、日本人、西洋人ともに沢山いるし、日本を海外へ紹介したという点でも、この人はサトウやチェンバレンなどに遠く及ばない。公道や公園など、野外に銅像や浮彫を設置するのは、日本社会に大きく貢献した人でなくてはならない。ウェストンはせいぜい日本山岳会設立と小島烏水個人へ寄与したにとどまり、彼の名前はイギリスでも知られていない。イギリスのアルピニズム協会には、協会創始者の肖像が室内に飾られていると聞くが、梓川のほとりのあのウェストンの浮彫も、日本山岳会の事務所室内にひきとってはどうか。公道や公園に設けるなら、円空上人や播隆上人の浮彫や銅像であろう。毎年六月はじめの山開きの日に、梓川のほとりに何百人ものひとが集まって、ウェストン碑に献花し、合唱するという、あのウェストン祭の幼さも卒業しようではないか。いつまでも鹿鳴館時代にとどまっていてはなるまい。明治期に建てられた西洋マネゴトの壁をぶち壊して、伝統日本と現代とをひとつなぎにしたいものである。日本山岳界の覚醒と世論の高まりを望んでやまない。

第2章　近代洋風建築の保存をやめよう

はじめに

　近代洋風建築というのは、西洋建築技術を学んだ建築家たちによって明治二十年ごろから昭和初期にかけて建てられた石やレンガの造りの官庁や銀行、あるいは木造の住宅など、西洋様式の建築のことである。戦災で消滅したもの、老朽化して取り壊されたものも多いなか、残されたものの多くは国、県や市などの地方自治体や公共団体によって手厚く保存されている。

　保存はなぜなされるのだろうか。保存に賛成の声ばかりが聞こえて、反対の声がまったく聞こえないにはどうしてだろうか。私には、保存は日本にとってマイナスばかりのように思える。それらの建物が習作にすぎず、価値があるのはその手本になったヨーロッパ本場の建物だから、その本場の建築が保存されればすむように思える。そのイミテーションを後生大事にしたのでは、サルマネ日本と嗤われるばかりだろう。しかも、それが格好いいならまだしも、時代遅れの衣裳の薄汚れた姿を近代都市のど真ん中にさらしている。

また、その保存には莫大な費用がかかり、税金でまかなわれるということも大問題だ。また、都市空間の利用効率が下がるということも無視できない。さらに、保存して利用しつづけるとなると、狭く窮屈で業務にさしつかえることにもなる。

そうしたマイナスばかりだというのに、なぜいったい保存なのか。

なぜ保存するのか

古い建築の保存再生はどんな基準でなされるのか。

文部科学省文化財保護委員会は建築重要文化財の指定基準として

一、意匠的に優秀なもの
二、技術的に優秀なもの
三、歴史的価値の高いもの

四、学術的価値の高いもの
五、流派的又は地方的特色において顕著なもの
の五点をあげている。[1] この指定基準が日本伝統建築と外国様式建築を区別していないことに注意しておこう。

日本建築学会近畿支部が編集した『近代建築物の保存と再生』[2]は、近代洋風建築の評価の基準として十一の項目をあげている。要点を記すと、

1 地域性や社会性を有し、地域文化の振興に役立つ
2 日本産業史上の価値
3 有名建築家の設計
4 欧米の建築思潮の影響をうけている
5 建造場所の記念的価値
6 日本建築史上特異なジャンルの建築
7 外国文化の接触過程を示す
8 日本近代建築成立の基礎条件を内包する
9 将来新しい価値が発見される可能性がある
10 西洋建築を短期間で学習した価値

11　建築と人間との結びつき、ヒューマン・ヒストリーを示す

これは要するに、有名建築家の作品だとか、西洋建築の影響を示すとか、建築史的な意義をもつという理由である。ここでは文化財保護委の基準の「意匠的に優秀なもの」という審美的価値は問題にされていない。

以上の基準とは別に、種々の本を総合すると、従来近代洋風建築の保存の根拠とされてきたのは

①学術的価値
②日本近代の記念碑
③思い出
④優れた建築

の四点である。

①の「学術的価値」というのは、何年ごろ一定の材料が使われていたとか、一定の工法がはじめて採られたとか、一定の建築家とか流派の特色がよく示されているとか、である。これは建築学界だけに有用な基準である。例えば帝国ホテル（大正十二年）はアメリカの建築家ライトが大正十一年に作った独特の風貌をもつ作品としてきこえ、また、特殊な耐震構造のゆえに関東大震災に耐えたことでも知られる。これらはいず

れも学術的価値になる。また、平成一一年七月に日本建築学会会長を含む数人の学者が瀬戸内海の因島灯台を訪れ、基礎を掘ってコンクリートが使用されているのを発見して、明治時代にすでにコンクリートが使われていたことを示す実証例として保存すべしとした。これも学術的価値である。

②の「日本近代の記念碑」とは、日本近代初期の生き証人ということである。日本近代建築学創始期の辰野金吾が手がけた日本銀行本店や同じく草創期の担い手片山東熊の設計した赤坂離宮などは、わずかな歳月で西洋建築技術を日本に移植した歴史的記念碑とされる。東京芸術大学の奏楽堂も、わが国最初の洋式奏楽堂として極めて高い史的意義があるとされる。その他、明治大正の建物一般、室内装飾、施設備品も近代の記念碑として保存の対象になりうる。以上の①と②は「近代化遺産」という言葉でくくられることが多い。

③の「思い出」があるからというのは、保存運動でしばしばもちだされる理由だが、人によって思い出は異なり、これから生まれてくる人にも思い出を言う権利はあるのだから、基準にはもともとなりえない。大東亜戦争時の防空壕も戦争直後のバラックも保存というわけにいかないだろう。

④の「優れた建築」というのは、本来最も重要な基準のはずであるが、美的価値は

主観であり、相対的なものとして脇におしやられ、①②③をあげるついでにふれられるだけのことが多い。さきの『近代建築物の保存と再生』の基準の中に入っていないのもそのためだろう。

以上四つの基準が普通組みあわされてもちだされるのだが、③を除くと、最初に掲げた文化財保護委員会の重要文化財指定基準に大体重なっている。いずれもしかし、以上みるようにどこからどこまでという明確な限界がないし、④の優れた建築という判定はどうとでもつくということがあるために、結局この基準だと、古いものならすべて保存ということになってしまう。

珍妙なとりあわせ

重要文化財指定基準を含め、洋風建築保存の基準があいまいで、ことに建築そのものの美的な優劣価値が取り沙汰されないために、事実なんでもかでも保存ということになって、莫大な費用をかけてガラクタの山が生じた。

保存ではいつでも、洋風建築がガラスとコンクリートの現代建築よりも価値があるかのごとき言説がなされる。

たとえば、近年東京駅舎（大正三年竣工）を三階建の旧状に復元することになったのだが、それについてある新聞は「二階建ての東京駅に手を加えて、元の三階建てに戻すという心意気がうれしい。二階建てでは貧相だというより、ガラス張りの超高層ビルにするという発想が都市の景観を貧相にしてしまった。新幹線の駅ビルはどこもここも似たりよったり、個性をどこかに置き忘れてしまった」と論評していた（『毎日新聞』余録・平成一一年一〇月八日）。しかし逆に、古ぼけて汚い駅舎が、ガラス張りの超高層ビルの立ちならぶ新しく美しい都市景観を貧相にしてしまう、とする見方もできるはずである。

日本銀行本店の場合、旧本館の背後に高層の新館が立っているが、これも西洋様式建築と現代建築という調和しない二つのスタイルの珍妙な取り合わせである。旧建築は薄汚れて小さく、これを保存せんとして、全体の景観さらには周辺の景観をこわしている。

また、東京丸の内周辺は、有楽町から大手町にかけて、かつて旧三菱の煉瓦造りの建物が並んでいたところだが、その古い建物の上に現代建築が重なっている例が、旧第一生命館、東京銀行協会ビル、丸の内八重洲ビル、大和銀行ビルなど、あちこちにある。どうして金をかけてわざわざこんな醜い建物にするのだろうか。東京銀行協会ビルのごときは、チョコレート菓子の上に現代建築が乗っているといった滑稽な外観である。現代建築一本にすればどれほどすっきりするだろう。

そうした例は、ほかの都市にも、神戸地方裁判所、三井銀行京都支店、日本火災横浜ビルなどある。いずれも高層のコンクリート建築の下部正面に、古ぼけた煉瓦や石造の小さな装飾建物がとりついていて、いかにも醜く無残である。日銀岡山支店は大正一一年に建てられたギリシャ神殿風の建築で、日銀から平成元年に岡山県が買い取り、県立図書館を予定して、それをとりこんだ形の高層ビルの青写真も出されていたが、巨額の費用がかかり、図書館としても十分機能しないという猛反対にあって、図書館案はとりやめになった。これも実現していたら、珍奇な外観の建物になっていただろう。

西洋様式建築は西洋の民族芸術である。現代建築はどこの文化にも属さない中性の技術そのものである。一方は有機であり、他方は無機である。日本の伝統建築とコンクリートの現代建築とが調和しないのと同様に、西洋のクラシック様式建築は現代建築に調和しない。現代ビルに似あうのは現代ビルだけである。現代ビルにはこれまでの建築にない独特の美がある。壮大さがある。それこそ現代と未来の世界をみごとに表現しているではないか。それを積極的に評価していく姿勢をもとうではないか。

洋風建築の種類と歴史

日本の近代洋風建築にはどんな種類があるか、その歴史とあわせて簡単にみていくことにしよう。

洋風建築に先立つ建築として、擬洋風建築とよばれるものがある。明治のはじめ、清水喜助、林忠恕、立石清重などといった地方の進取的な棟梁大工が、横浜などの居留地に並ぶ西洋建築を観察し、見よう見まねで建てた洋風建築である。なかでも、清水喜助の建てた築地ホテル館は、当時の浮世絵の題材となるほど世間の注目を集め、これにならって、各地に小学校、役所、警察署がつぎつぎに建てられた。小学校では京都柳池学校（明治二年）、山梨琢美学校（明治二年）、長野中込学校（明治八年）、山梨睦沢学校（明治八年）、長野開智学校（明治九年）、静岡下田学校（明治一六年）などがあり、現存するものの多くは国ないし県の重要文化財になっている。建てられたのは明治二〇年ごろまでで、以後は西洋建築学を大学で勉強した建築家がつくる洋風建築に交替していった。

擬洋風建築に対する建築学者の評価は低い。「高く評価するのは困難だが、大衆性、通俗性のゆえに好まれた」（稲垣栄三）。[3]「いかにも奇妙で泥くさい。しかし不思議なバイタリティーに満ちている」（村松貞次郎）。[4]「棟梁は一種の山師であって、西洋建築のルールを知らない。文明開化のさまざまの動きとともに、やがて本格的なヨーロッパ派の登場によって無知な現象として笑われ、恥とされて消えて行く」（藤森照信）。[5] いずれも、せいぜいいめくら蛇に怖じずといった意欲が買われる程度の評価である。

明治政府は西洋人の建築技師をつかって種々の官庁、学校、工場、住宅を建てた。ウォートルス（英）、アンダーソン（英）、ボアンビル（仏）、コンドル（英）、カペレッティ（伊）などがいるが、なかでもコンドルは上野博物館（明治一四年）、鹿鳴館（明治一六年）、三菱一号館（明治二七年）などを建てたことで知られる。コンドルはさらに明治政府の設けた工部大学校造家学科（のちの東京大学工学部建築学科）の教授として、多数の日本人建築家を育てた。のちに日本建築界に君臨する辰野金吾や片山東熊は彼の弟子であり、以後ぞくぞくと誕生するこうした大学の建築学科で西洋建築学を学んだ人たちの手によって、明治とそれ以後の洋風建築は建てられていった。

辰野金吾は日本銀行本店（明治二九年）、東京火災海上保険（明治三八年）、日本生命九州本社（明治四二年）、東京駅（大正三年）などを設計した。彼はコンドルが退官したあと、工部大学校の教授となって後進の育成にあたり、日本建築学会会長を永年つとめ、日本建築界の大御所として君臨した。また片山東熊は奈良帝室博物館（明治二七年）、京都帝室博物館（明治三八年）、赤坂離宮（明治四二年）など、フランスのバロック建築に倣った宮殿建築を多く手がけた。辰野に対する評価は今日でも高く、「日銀本店は群を抜く作品で外国人に優る。この作品の成功により彼は明治という時代を代表する建築家となった」（藤森）。「この建物をもって明治建築の秀作というに躊躇しない」（稲垣）。「辰野博士の傑作であるとともに明治の日本の代表作である」（菊地重郎）。(6)片山東熊への評価もそれに劣るものでなく、赤坂離宮は「日本建築界が明治一代をかけて学習した西欧の建築の総決算として、日本の近代史に重要な位置を占める」（村松）、「片山の代表的傑作であるばかりか、明治時代を代表する記念建築である。ネオバロックの傑作であり、奇跡として輝く」（稲垣）と誉めそやされている。

一九世紀後半に西洋で行われた建築は、さまざまな古い様式（ギリシャ・ローマ式、ゴシック式、ルネッサンス式）のなかのひとつを選び、あるいは二つを折衷し自分の好みを加味して作品を仕上げるいわゆる折衷様式の建築であって、日本近代建築学の第一世代が勉強したのもそうした西洋の伝統的な諸様式であった。しかし一九世紀末から二〇世紀はじめにかけて、西洋には工業科学という新時代の到来にともない、伝統様式に逆らうさまざまな新しい動きが起こってきた。

その第一はアールヌーヴォなどの芸術運動であって、建築でもそこからセセション、表現主義、デ・スティル、バウハウスなどの諸派が生じ、従来の歴史主義を否定するデザインの様式建築が創られていく。日本でもその影響をうけて、第二世代の建築家は新建築の創造をうたい、伝統様式からの分離を主張する分離派をはじめとして、表現主義の作品が多く作られるようになった。

第二は、建築の世界に従来の石と煉瓦に代わって鉄、コンクリート、ガラスという新材料が登場したことである。鉄筋コンクリートと鉄骨構造の建築はすでに明治の末に日本に現れていたが、その近代的合理的性格に惚れこんだ人たちによって、芸術品としての建築でなく、実用品としての建築が唱えられた。佐野利器は建築家は芸術家にあらず、すべからく技術家たるべしとして、「日本の建築家は主として科学を基本とする技術家たるべきことは明瞭である」と主張し、装飾や歴史様式にでなく、重量と支持の力学に美を求めた。野田俊彦も実用品に徹することで真の美が生まれる、合理性に美が宿る、と主張して、建築界に衝撃を与えた。「建築はただ実用品であれば可である。美や内容の表現をも有せしめんとするは余計である」[7]。

第三の新しい動きは、アメリカの影響が明治の末からしだいに強くなってくることである。そのひとつにヨーロッパの伝統的様式がアメリカ化したアメリカンボザールなどの様式建築の導入があり、大阪図書館（明治三七年野口孫一）、帝国劇場（明治四四年横河民輔）、三越百貨店（大正三年横河民輔）、日本勧業銀行（昭和四年渡辺節）、明治生命館（昭和九年岡田信一郎）などがこれに属する。もうひとつはアメリカの高層の鉄骨ないし鉄筋コンクリート建築の技術の導入であって、東京海上ビル（大正七年曾弥中條）、丸の内ビル（大正一二年桜井小太郎）がこれに属する。

以上の三つが二〇世紀初頭の世界建築界の新しい動向である。動向の中軸には第二にあげた合理的機能建築があり、バウハウスの運動も芸術を掲げながら、機能性を重視した非芸術に近いものである。そうした動きのなかで古い西洋様式建築は細々と命脈を保つが、第二次大戦以降になると、コンクリートとガラスでできた四角な建物が世界的に圧倒的に優勢になり、日本でも西洋様式建築は全く姿を消し、表現派の個人作家の芸術作品としての建築がその間にまま見られるという状況になって現在にいたっている。

明治以後の日本近代建築の流れをまとめると以上のようになる。はじめに明治初期の文明開化時代に地方の棟梁大工が作ったいわゆる擬洋風建築、次に大学の建築科で西洋建築学を学んだ人たちの手になる西洋クラシック様式建築、第三に西洋の新様式の建築、第四にどこの文化に属さないコンクリートとガラスでできた合理的機能的建築、この四つの時期と種類とにまとめることができる。最初の擬洋風建築をのぞけば、あとの三つは西洋芸術作品と文化的に中立の機能的建築との二つにわけられる。

以上は銀行、官庁、駅舎などの大きな建物についてであるが、そのほかに住宅がある。洋風住宅は明治大正昭和の全時期にわたって建てられ、とくに長崎や神戸など外国人が住んでいた地域に保存例が多いが、今あげた第二、第三の西洋様式作品のグループにはいる。

いくつかの具体例

これらのうち保存対象にされているのは、ほとんど西洋クラシック様式建築である。そのいくつかを選んで、建設の経緯と保存の現状をみることにしよう。

日本銀行本店　本館と付属館からなり、本館は辰野金吾が一年あまり欧米を視察して設計し、明治二九年竣工した。地上三階、地下一階の煉瓦石造で、イングランド銀行とフランス銀行の建築を折衷したイタリア・ルネッサンス様式である。付属の一号館、二号館、三号館は長野宇平治の設計で昭和四年から一三年にかけて建てられた。そのうち一号館だけ昭和四八年高層の新館現代建築を建てるさいに取り壊された。昭和四九年重要文化財に指定される。

東京駅舎（丸の内口）辰野・葛西建築事務所の設計で明治四一年に着工し、大正三年に竣工した。戦災で消失後、三階建だったのを昭和二二年に二階建にして復旧した。赤煉瓦づくりの一九世紀ヴィクトリア朝様式の建築で、オランダのアムステルダム駅を手本にしたといわれる。この駅舎を取り壊し再開発する動きは昭和三〇年にはじまったが、日本建築学会はくりかえしその保存を要望し、民間有志からも声があがった。日本建築学会がＪＲ東日本社長あてにだした要望書（昭和六二年）には「わが国の近代建築を代表する貴重な遺産」、「記念性の高い建物」、「雄大な外観によって都市景観上の効果が大きい」、「東京の玄関口にふさわしい重要性をもつ」、「近代の重要な出来事の多くを体験した歴史性の高い駅舎である」、「東京を訪れる日本人にも外国人にも記憶に残る建築である」などの言葉がみえる。平成一二年ＪＲ東日本はこの駅舎を戦前の三階建の姿に復元して保存する方針を打ち出した。

迎賓館（旧赤坂離宮）片山東熊が数回欧米にわたって調査して設計し、建築に十年の歳月をかけ、明治四二年完成した。フランスのヴェルサイユ宮殿、ルーヴル宮殿、イギリスのバッキンガム宮殿、オーストリアのウィーン新宮殿を参考にしたネオ・バロック様式の石造建築。内装には当時有数の画家・装飾家・工芸家が動員された。赤坂離宮として皇室専用であったが、戦後国に移管され、国会図書館、法務庁などに使われ、昭和四九年以後は国賓などを接遇する迎賓館となった。

大阪中之島公会堂　競技設計で選ばれた岡田信一郎の案をもとに辰野金吾らが協力して設計し、大正七年完成した煉瓦造りのネオ・ルネサンス様式建築。さほど注目されない老朽化した建築であったが、昭和四六年に日銀大阪支店を含め付近一帯の再開発計画が持ち上がると、俄然注目を集め、建築家集団や市民団体から強い保存要望の声があがり、平成元年に大阪市は保存することに決めた。それを受けて醵金運動が朝日新聞社をはじめとして大々的に展開され、巨額の寄付が集められ、それをもとに平成一一年から改修工事が百二十億円をかけて始まっている。日本建築学会はこれを「珠玉の建築」と呼んで宣伝している。

大阪府立図書館　住友家が大阪市に寄贈する図書館のためにアメリカへ派遣した野口孫市が明治三七年設計したアメリカンボザール様式の建築。ニューヨーク大学図書館とよく似たデザインで、野口はこれを手本にしたと見られる。昭和四六年中之島の再開発問題を機に、中之島公会堂とともに、日本建築学会や中之島を守る会などから強い保存要請が出され、昭和四九年国の重要文化財に指定された。

日本建築学界の不見識

建築家や建築学者は専門家としてのエリート意識が強く、部外者の意見に耳を傾けない傾向がある。しかも、知識と鑑識眼とは別物であって、彼らに物を見る目があるというわけではなく、学者一般がそうであるように、美は主観なりとして問題にしたがらない。それに、美は主観なりは一般にも通用するから、建物自体の美や周囲との美的調和といったことは表に出さず、もっぱら学術的価値や歴史的記念を問題にすればよく、周囲もそれに応じるようになっている。要するに、建物の保存というのは建築学や建築史だけの問題となってしまい、結果、ありとあらゆるものが保存の対象になる。

看板建築というものがある。木造和風建築の店舗の通りに面した正面だけを文字や絵を描いた一枚の看板で覆ったもので、大正時代の末からあらわれはじめていたが、これぞ民衆のバイタリティ溢れる芸術だといって保存の声があがっている。どうしてこんなものをと思うほどの貧相な建物だが、学者にとってはありがたいことに価値判断は禁物であって、かくて工場も、倉庫も、ドックも、発電所も、鉄橋も、トンネルも、兵舎も、病棟も、灯台も、温室も、門も、橋も、保存ということになる。

菊池重郎の『明治建築案内』には、こんな評価の言葉が見える。

「札幌電話交換局（明治三一年）は西洋建築の直写のよい例であって、貴重である」。

「品川灯台（明治元年）はたとえ外国と同じものであっても、建てられたこと自体に意義がある」。

「日本赤十字社中央病院病棟は明治二〇年代の貴重な遺構であるばかりか文化史的意義も少なくない」。

「新宿御苑の温室は明治二〇年代という日本最古の現存温室として史的意義が大きい」。

「東京芸大奏楽堂は明治一〇年代末における日独建築交渉以後の日本の様式導入が本格化し消化した姿として、明治建築の貴重な遺構である」。

「渡辺千秋邸はアール・ヌーボーを示す大きな意義がある」。

「明治時代の鉄製の門牆は数多く残されているが、これも時代を端的に反映するものとして保存をゆるがせにできない」。

こうしたところが建築学界の常識なのだろうが、どれもマネごとなのに、そのマネに意義があり価値があるというのだから、恐れ入る。

また、学術的価値や近代の記念碑というなら、建造物だけでなくシャンデリア、壁掛け、家具などの室内装飾もそれだし、さらには建築設備品もそれである。昭和四四年日本建築学会会長は政府に対して、赤坂離宮の空調暖房設備（送風機用モーター、リフト、ラジエーターなど）、給排水衛生設備品（小便器、大便器、洗面器、消火栓弁など）、電気設備品（配電盤、動力制御盤、スイッチ、コンセントなど）を保存するよう要望書を出している。

保存の基準は、一言でいえば、学術的価値のためであるということが以上からもわかるが、それだけでは保存の力になりにくい。そこで、建築学者や建築家は市民をかつぎだすことも忘れない。どの町にも古い洋式建築に興味をもつ一群の人がいて、音楽ホール、食事喫茶、集会場などに利用できるとして彼らを動員し、疑問視するひとが多くても黙っていることをよいことに、結局市や県の当局は保存に同意せざるをえない運びになっている。

また、建築家や建築学者は西洋建築の保存を、日本の伝統建築の保存とまぜこぜにして、一般人の心情に訴えるのが常である。両者は元来全く別物であって、混同してはならない。

建築家や建築学者が近代建築の基礎をつくった明治の先輩の業績を奉るというのはわからないではないが、自分らの都合で公共の生活空間を役立たずの古い薄汚い建物で塞いでくれては困る。そんなものに莫大な税金を注ぐようにしてくれては困る。それに近代建築は西洋のイミテーションにすぎず、外国人、なかでも西洋人には恥ずかしくてみせられない代物ではないか。赤坂離宮に対する「模型だったらよかったのに」という批評は正鵠を射ている。

近年は市民グループが自ら保存運動に積極的になって、少しでも古い建物があればすぐ寄りついてきて、記念碑だとか、思い出があるとか、有名建築家の作品だとかいって所有主や市役所に働きかけ、国会議員すらをも動員して、文化庁に登録してもらおうとする。岡山市の「禁酒会館」（大正一二年）は近年登録有形文化財になった洋館だが、どうしてこんなものがと思うほど薄っぺらで悪趣味の姿を市街地のド真ん中にさらしている。滋賀県豊郷小学校（昭和一二年）は、住民グループが建築家や国会議員に訴えて町長による取り壊しを阻止したことで話題になったが、ウィリアム・ヴォーリスが建てた名建築という触れ込みながら、ごくありふれた四角いコンクリートの二階建てで、これで一体どうして保存なのかという疑問がつきまとう。こんな風潮だと、今建てられる建物も五十年先にはなんでも保存ということになって、世の中粗大ゴミで満杯になりかねない。市民運動家は環境破壊や税金の無駄使いに抗議するのが身上ではなかったのか。逆に保存反対の運動をおこすのが筋ではないか。五年先、十年先までの話ではないのである。いったん保存となれば、五十年、百年先まで毎年毎年莫大な公金を費やすのだ。マスコミも保存運動に味方するばかりで困ったものである。文化庁文化財保存課も仕事の間口を広げようとしてばかりで困りものである。保存を叫ぶ人は、自分の金で自分の所有地に移築保存したらよいのである。

新しい保存基準を

曖昧な保存の基準にかかわって、限界を明確にした新しい保存基準を確立してほしい。私は日本の伝統建築だけが保存にあたいするものであり、それだけに文化財保護の選定基準を適用すべきだと考える。文化財保護委員会の指定基準は日本伝統建築と外国様式建築の区別をしていないし、『国宝・重要文化財大全』(8)にしても、日本と外国の別なしで宗教建築、住居建築、学校建築、文化施設、官公庁舎、商業・業務、近代化遺産、その他の別で近代建築を分類している。日本と外国とをしっかり区別すべきではないか。

日本の江戸時代以前の民家や社寺といった建築は日本だけにしかなく、しかも、それ自体優等の建築である。伝統の民家建築の領域で日本と西欧だけが量質ともに世界に抜きんじて優れているという事実は、意外にも世界のひとにも日本のひとにも知られていない。このことは重要である。われわれはもっと自信と誇りをもって自らの伝統建築に接しなくてはならない。日本には、東北にも北陸にも、関東にも東海にも、近畿にも中国にも四国にも、九州にも沖縄にも、民家建築の物凄いばかりの芸術品が群をなして存在する。これこそがわれわれに保存を要請されている世界遺産にほかならない。

われわれは誤った教育のせいで、それまでは野蛮状態だったのが一九世紀、二〇世紀になって西洋のおかげで文明に開化したなどと錯覚している。そのために西欧文化への負い目の意識がいつまでも抜け切らず、自らを不当に萎縮させている。建築の領域でも、西洋様式建築が尊ばれ、大学で西洋建築学を学んだひとの作品がいつまでも重んじられることになる。わずか三、四十年のあいだの練習作品にすぎず、価値は世界的にみて全くないにもかかわらず、である。

建築学界はそれらをさして近代化遺産というが、ほんとうは西欧化遺産なのである。西欧化も日本近代化の一里標なのだから保存すべきだというなら、それ自体に値打ちがないものを重視するのは間違いだといいたい。保存するとか大切にするというのは世界に誇れるものでなくてはならない。保存すべきはヨーロッパにある本物の建築なのであって、日本近代化の記念をいうならそれを指すだけで十分ではないか。アムステルダム駅を指して、日本近代化のためにこれを手本にしたこともあったとする。ルーヴル宮殿を指して、日本も近代化のためにこれを手本にしたこともあったとする。それですむではないか。二流品三流品を大切にしては、ヨーロッパに対する下士官根性を増幅させるばかりだろう。その上、保存費用が莫大であり公費でまかなわれる、空間利用効率が悪い、不便である、景観を台なしにするときたら、廃棄するのは理の当然ではないか。

建築学者は欧米の古建築保存の努力を見習えというが、欧米の古建築は欧米伝統の建築であるから、それを見習えというのは、日本においては日本の伝統建築を保存せよでなくてはならない。姿勢をならうべきなのに、物にこだわっている。のみならず彼らは外来建築の保存と日本伝統建築の保存とをひとしなみに扱って、日本伝統建築の保存を隠蓑にして近代洋風建築の保存をはかっている。二つは截然と区別して、別扱いにしなくてはならない。

そうした姿勢からも推測されるのは、建築学者の本音が、さきにも言った先輩の業績を顕彰したいというのと、研究資料を保存したいというのと、であろうということである。その本音に忠実に、社会に迷惑をかけないように、保存は模型、ミニアチャーの形で行ない、現物保存なら私的な資金で明治村のような山間僻地でおこなうのが筋であろう。東京銀行本店（昭和二年竣工）は、建築学界から「日本では最高に洗練された西洋古典様式」として保存要請があったのを銀行側が蹴って、結局昭和五一年にすべて解体され、現代建築に代えられた。これがまさに正解である。

西洋渡来のさまざま流派の建築家個人の芸術建築も、同様に公的な保存の対象にはなりにくい。日本各地の市役所、図書館、美術館や橋梁などにはそうした個人作品がかなりあるが、おおかたは薄汚れた無残な姿を衆目に晒している。江戸期の民家とちがって風土に根ざしていないから、時代がたつと遅れた感じになり、じきに飽かれてしまう。

個人住宅では長崎や神戸などの都市に異人館と称して明治期の多くの洋館が相当数みられ、なかにはハッサム邸（神戸）、トーマス邸（神戸）、リンガー邸（長崎）など、重要文化財に指定されたものもある。こうした家が並ぶところを歩くと、ガラクタ古道具屋かオモチャ公園に迷い込んだような気分になる。それらは西欧ではごくあたりまえの民家にすぎず、アメリカでもボストンあたりにいけばゴマンとあるのだから、そんなものを大切に保存すれば西欧人になめられ威張る種を与えるばかりだろう。世界のどこに一体、他国の家屋を模した家屋を公金をつかって大切に保存している国があろうか。日本が世界で通用するためには、そうした基本姿勢の矯正からはじめなくてはならない。

明治洋風建築のうち、保存にあたいするのはただ擬洋風建築あるのみだろう。擬洋風建築は、日本の大工棟梁が主体性をもって渡来した新建築を自家薬籠中のものにして新種の日本建築を創ったという、ただ意欲だけではできない、不思議な魅力をそなえた独創的な建築である。建築家はこれをさして、奇妙で泥くさいとか、西洋建築のルールを知らない山師の仕事だとか、恥だとか、けなしてばかりだが、西洋建築にしか価値を見れないとはなさけない話である。

村松貞次郎は言っている。「東北の大きな都市に戦後まもなく懸賞設計競技に当選して建てられた近代建築が、まるでバラックか物置のように荒廃しているのを見て驚いた。数日をおいて同じ県の片田舎にある明治の中期に建てられた木造の小学校（擬洋風建築）を見たが、小学校の教員・児童はもちろん町の人びとあげての清掃・保守管理によってみごとに美しく遺されていることにまた驚いた。それは親子代々の記憶に生き、愛されている建物だったのである。そして、荒廃の近代建築と対比させて、愛される建物、永く遺される建物の秘密は何かと考えこんでしまった」[9]と。

現代建築を賞揚する

建築は第一に用である。建築は屋根と壁でかこんだまるいあるいは四角の容器であれば、用がたりる。この立体にいろいろな傾斜や突起をつけ、彫刻や絵模様を施し、塔、アーチ、庭などをとりつけるとき、その付属のとりつけ部分に、民族文化固有の性格ないし芸術性がでてくる。絵画や彫刻は民族性ないし個人性だけの芸術一重であるが、建築は本体は無国籍の用であり、枝葉は民族性あるいは個人性に富む芸術である、という二重の構造をもっている。用だけの建築というのは未開時代と現代文明期に限られ、芸術建築は中間の文化期に行われてきた。この用中心、機能中心の建築が現れたことは現代の特徴であって、いかにも科学工業の合理的な時代にふさわしい現象といえるだろう。

この建築の基本的性格からすると、擬洋風建築というのは日本芸術が西洋芸術を取り込んだ日本芸術であり、近代洋風建築とはもともと西洋芸術であり、四角な現代建築はどこの文化にも属さない中立の造形である。

この中立の機能ないし用の建築に美がないというわけでないことは、私たちが日常目にするさまざまな高層建築において明らかであって、明快さ、強さ、朗らかさがそこにある。美が用そのものに宿るとは驚きであるが、それは現代技術が知らずしてもたらした発見といえよう。その美は民族や文化を越えた普遍的な美である。絵画や彫刻や音楽といったほかの芸術にこうした中立普遍の美がみられないのは、それが宿る用という機縁がないからだろう。ここに、他の芸術には与えられていない、建築だけに与えられた一種の救いがあるといえるかもしれない。

建築家への要望

私のみるところ、日本の建築学者や建築家は次のように考えている。

(イ)美でも西洋が上だと思っている。
(ロ)日本は西洋をどこまでも模範にすべしと思っている。
(ハ)現代機能建築を西洋建築だと思っている。
(ニ)日本伝統建築と西洋伝統建築の保存を同じ次元で考えている。

保存運動の主要な担い手が彼らである限り、こうした謬見を是正してくれないと、いつまでもたっても日本は救われない。

おわりに

私たちにはありがたいことに現代建築がある。コンクリートとガラス張りの現代高層建築は、特定の民族文化の芸術でなく、合理、機能、技術、実用、無機質、中性の造形として、どこの文化の土地にも適合する。東京、ニューヨーク、シンガポール、上海、フランクフルト、ジャカルタ、カイロ、どこにも等しく定着して、相似た独自の美しい都市景観を作りだしている。東京駅は純粋にこの現代建築であってこそ、現代都市東京の玄関にふさわしい威容を備えるだろうし、中之島はまじりけなく高層建築が林立する島であってこそ、近代都市大阪の中心地にふさわしい壮美な偉観を呈するだろう。

保存の観点からすれば、現代建築とて保存の対象にはならない。それは老朽化すれば、次々に新しい別の現代建築に建て替えていけばよい性質のものである。霞ヶ関ビルや東京都庁ビルを保存してどうなるものでもなかろう。

現代建築と西洋様式建築とを区別するのと並んで、江戸期以前の日本伝統建築と明治期以後の西洋様式建築とをはっきり区別していこう。西洋は西洋を保存し、日本は日本を保存する。これが保存の大原則のはずである。西洋様式の建築を見たいなら、ヨーロッパはいまやすぐ近くにある。そこへ行けば、いくらでも本物の優品が見られる。模造品を後生大事に抱えこんで、日本は一体どうしようというのか。恥さらしではないか。視点を国内だけを見る低い地点から、世界全体を見渡す地点へと移動させないといけない。握っている日本の尺度を世界の尺度にかえないといけない。日本における保存運動のあやまりの根本はこの哲学の欠如にあろう。

建築学界の猛省をうながし、市民運動の方向転換と文化庁の意識改革を望んでやまない。

第3章　英文学科への疑問

英文学科への疑問

日本には何十何百という大学があり、およそ人文系の専攻科のあるところ必ずといっていいほど英文学科がある。英文学科の学生は英語の勉強をする一方、イギリス文学の詩や小説を読み、作家論や演劇論や英文学史を受講する。明治以降英文学科を卒業した日本の学生数は一体どれほどになるのだろう、大変な数にのぼるにちがいない。

そもそも日本における英文学の研究というのは、欧米の科学技術を学ぶための英語の勉強が出発点にあった。英語の背後には英語国民の歴史と文化があり、言語文化の精髄である英文学もやらないと英語の学習は不十分になり、ひいては欧米の文物の摂取も不徹底になる。そこでヨーロッパの大学はどこでも英文学科、独文学科、仏文学科がある、それにならって日本の諸大学にそれらの西洋文学の諸学科が設けられたのだった。

とはいえ、いったい英文学を研究する必要がほんとうにあったのだろうか。科学技術を習得するのに文学を学ぶ必要があるとはいえない。言語はそれを母国語とする人にとっては文化の柱であるが、それを外国語にする人にとっては単なる道具にすぎない。言語はそれを生んだ文化の風土から抽象概念の羅列となって離脱し、外国人にも意志疎通の手段として立派に役立つ。別にディケンズやシェイクスピアを知らなくても、科学技術は立派に習得できる。

英語教育は、幕末の時代、ドイツ語やフランス語の教育とともに幕府直轄の蕃書調所ではじまった。それが明治時代に引き継がれ、明治十年設立された東京大学では、全学部の学生に対して重点的に行なわれ、明治二十年には文学部に英文学科、独文学科、明治二十三年には仏文学科が設けられた。このように英語、ドイツ語、フランス語は日本近代のごく当初から国家の後押しで鋭意学習され、旧制高等学校で学ばれ、旧制中学でも必修科目とされた。その基本方針は戦後の教育改革でも維持され、学校数の増大によって英語教師の需要が増え、その供給源が英文学科であるところから、英文学科の権威が肥大して、英文学あっての英語、のごとき状況になって今日にいたっている。この主客転倒を是正して、英語を英文学や英文学科から切り離し、英語をそれだけの独立物として扱うことがいま求められている。

英語の勉強は教養のためだという考え方が当初からある。かつての英文学界の大御所福原麟太郎[1]によれば、英語の学習の主目的は心の窓を開いて教養を深め広げることであって、話したり書いたりすることではない。心の窓を開き、教養を深めるとは、自分とは違った考え方、感じ方をする人たちがいるということを知るということである。そう氏はいう。しかし、英語が対象であるからには、心の窓は主としてイギリス人の社会に開き、イギリス人の物の見方になじむことになる。イギリスの家、庭、道、橋、服装、商店、乗り物、さらに家族、制度、日常生活、風俗習慣、宗教、歴史、思想、文芸が学習されることになる。それはほかにも無数にある文化に対して平等を欠くことになりはしないか。ほかの文化にも学ぶべきことが多いはずである。私見では、英語の学習の主目的は一般教養を得るためでなく、世界の情報を集め、世界の人びとと交信する（話し、聞き、書く）ためである。それに徹することによってのみ、地上のすべての文化にたいして平等でありうるし、正しい学問や生活の姿勢がえられるのだと思う。

いったいに英文学関係のひとの話を聞いても、また書いたものを読んでも、なぜ英文学を学ぶ必要があるのか、という疑問に納得のいく答をしてくれたひとを私は知らない。常識的な文学だとか、穏健の文学、大人の文学だとか、イギリスは穏やかな風土の楽土であるとか、シェイクスピアは素晴らしいとか、英文学にひたる喜びは格別だとか、そうした話は聞くが、それは要するにイギリス人のお国自慢の代弁を聞かされるというだけの話である。

イギリス英語でなくアメリカ英語を

英語といっても今われわれに必要なのはアメリカ英語であって、イギリス英語ではない。イギリス英語はキングズ・イングリシュだと言って、アメリカ英語を軽蔑するひとがいるが、今日世界の中心にあって世界の政治、経済、産業、科学、軍事を圧倒的にリードしているのはアメリカ合衆国である。このアメリカ合衆国の国語、米語を身につけて世界に飛び込んでいく若者を育てなくてはならない。キングズ・イングリシュなどどうでもいいことである。

アメリカ英語はイギリス英語と違う。アメリカ英語は発音が微妙で聞きとりずらい。

ラジオやテレビの英語を聞いてもわかるように、イギリス英語が聞き分けられても、アメリカ英語が聞き取れるとはかぎらない。当然米語を母国語とするアメリカ人が教師として必要になるが、日本では依然としてイギリス人が英語外国人教師として幅をきかせている。これだと、われわれはまたまた遠回りしてしまうことになる。私がかつて勤めていた大学の英語外国人教師は十人が十人ともイギリス人であった。教授会で英語教官の新規採用人事の報告で今回もイギリス人を採用するという話を聞いて、私はアメリカ語の必要を説き、アメリカ人を採用してはどうかと意見した。すると英語英文学の教授が立ち上がって、大学は教育だけでなく研究も重要である、と言った。これは一握りの英文学者のために無数の学生が犠牲になれという暴論ではないか。大学、ことに国立大学は、国に役立つ人材の養成が任務のはずである。

日本人は聞き、話すことが苦手

日本人は英語を話したり聞いたりする力が弱いというのが定評である。書いてあればすぐわかるのに、話すものだから分からない。日本人にその能力がかけているのだろうか。そうではなく教育の不備のためではないか。中学高校大学でなんと八年間も英語を習っているというのに、簡単なことが言えない、聞けない。いままでの教育では当然そうなるのだ。文法を中学高校で押さえ、読み書きできるようにするのはいいが、あとの大学の二年間もそのつづきで、日本人教師がイギリスやアメリカの文学作品を読んで学生に訳させる式の授業である。これではなまの英語を聞くことも言うこともできなくなって当然である。日本人にとって英語とは、ヨーロッパ人にとってのラテン語だと悪口たたかれることになる。

私は一年間アメリカに滞在して、日常会話はともかく、講演、講義、あるいはテレビのニュースについていけない自分が情けなかった。中学高校大学と八年間も習ったというのに、それに自分は外国語を苦手にする類の人間ではないというのに、と腹が立った。たまたま診てもらった町医者は、学会で日本の学者の報告を聞くのだが、どうして彼らは揃いも揃って意味不明の英語をしゃべるのか、彼らが書いている英語はよく分かるのに、と訊いていた。

日本に帰ってじきに、大学で外国語に関するシンポジウムが開かれたとき、その私の経験を紹介すると、同調する先生がかなりいて、ある先生は、学会で外国人による報告がはじまると、席を立つ日本人学者が多いということをいっていた。学会で外国人に尋ねられてうまく説明してあげれなかったことがある、とこぼす先生もいた。またある先生は、専門の教え子の学生に大学英語をどう思うかと聞くと、学生はなんの役にも立たなかったと言ったとか、大学英語は要するに忘れないためにやっているようなものでしょうと言ったとか、紹介していた。

英語教育をどう変えていくか

英語教育の改革の第一は、大学においては今いうアメリカ人教官による実際英語の鍛錬をすることだと思う。第二には、これまでのように英語必修をやめて、外国語の履修は各自の自由だという完全自由選択科目に変えることだと思う。それによって外国語を苦手にしている人の重荷を除いてやることができるし、得意な人の力を伸ばしてやることもできる。ひとには生まれつきの適性というものがある。もともとスポーツが苦手のひともいれば、もともと外国語が苦手のひともいる。それは生まれつきで、どうしようもない。その外国語が苦手のひとに強制するというのは酷ではないか。苦手のひとの数は尋常でない。欧米の大学なみに好きなものだけが自由に習う体制にしたらどうだろう。

大学以前の教育にしても、中学の英語は適性をみる上で必修にして、高校からは完全自由選択にしてはどうか。大多数のひとが一生の間に英語を使うことはほとんどなく、せいぜい簡単な文をパンフレットで読む、インターネットで読み書く程度だから、別に英語母国語人から習う必要はない。大学の受験も完全自由選択にする。そして、高校とくに大学の日本人の英語の先生の資格は、従来のように学歴や英文学の知識によらず、トッフルなど定評あるアメリカの検定機関による試験成績を中心に決めていくべきだ。高校時代から好きなものだけが英語を習い、大学では集中的にアメリカ人によって聞き話すことを鍛練する。そうすれば、外国で活躍する人の数は飛躍的に増加するはずである。

アメリカは戦時中の対日諜報活動のために、あるいは戦後占領期の行政処理のために、多数の将校を寮に一、二年間缶詰にして日本語を教え、日本語ばかりの生活をさせたという。現在日本語・日本文学の翻訳や教授の仕事をしているアメリカ人には、その出身者がかなりいるという。また、私が勤めていた大学に中国政府から派遣されたニ十歳位の留学生が何人かいたが、彼らの日本語はそれは見事なもので、聞くのも話すのも読むのも自由自在、まったく外国人らしいところがない。きくと、日本留学が決まってから一年間寮に缶詰にされて日本語漬けの生活をしてきたという。ではその寮に入る前に日本語を習ったことがあるのかときくと、まったくないという。たったの一年間である。こちらは八年間やったあげくが聞くことも話すこともできない。彼らが中国全土から選ばれたエリート中のエリートだということもあろうが、そのことからすると、大学生位の若さで缶詰教育すれば、十分効果があがるということがわかる。

フランクルの意見

私が強制をやめて完全自由選択科目にすべきだと主張するのは、生来の能力のためばかりではない。いま触れたが、日本人のごくわずかな人しか英語を必要としない、あるいは平均的な日本人は一生のうちのごくわずかな日数しか英語を話したり聞いたりすることがないからである。

ピーター・フランクルはおもしろいことを言っている。(2)

「自分はこんな試算をした。一年間に海外に行く日本人の数が一千五百万人。全人口の八分の一である。単純に考えると一人の日本人は平均八年に一度しか海外に行かないことになる。八十歳まで生きるとして、一人平均生涯に十回である。また総理府の調べでは、海外で過ごす日数は飛行機のなかの一泊も入れて平均七日間。つまり十回×七日で、平均的な日本人が一生のうち海外で過ごす日数はたった七十日と言う計算になる。しかも韓国や中国という英語圏でない国を含めてである。たった七十日のためになぜそこまで必死になって英語を話せるようになりたいのか」。

フランクルの意見はあたっている。本人にとって一生要りもしない、しかも苦手なことの勉強を、国が大金かけて強制させる必要がいったいあるのか。

フランクルはまたこんな有益な助言もしてくれる。

「どうしてこんなことになったのかといえば、日本人が無用なコンプレックスを英語にもっているからだ。外国人に会うとき、最初から英語で声をかけるのは間違いだ。なぜなら初対面の人間関係は、最初の二、三分で決まるからだ。こちらが下手な英語で話しかけて、相手が流暢な英語で答える。その瞬間、向こうが上でこちらが下と決まってしまう。日本人は日本語で声をかけるべきだ。ここは日本なのだから、日本語がわからないことは悪いと意識させなくてはならない。「日本に来て日本語を勉強しない外国人なんてクソくらえ」と思っていればいいのである。英語だけでなく外国語は、強い動機や必要があるとき、勉強すればいいのである」。

フランクルのいう通りだと思う。日本に来ている外国人になぜこちらから英語で話しかける必要があろうか。外国へいけば外国語、日本にいても外国語、これでは日本人は外国人の下僕ということになってしまう。欧米人が横柄な態度に出る原因はこちらが作っているのである。

フランクルはまたこんな話をする。

「英語検定試験トッフルの新しい結果が〝英語学習ブーム〟を後押ししている。トッフルは五百五十点以上とればアメリカ・カナダの四年制大学に正規入学できる、というテストである。アジア地域二十一ケ国の国別の平均点を見ると、一位がフィリピン、二位がインド、三位スリランカ。日本は十八位で、韓国、台湾、北朝鮮より下だった。新聞はこの結果を示して、日本人は英語下手と評した。しかしこれは完全に数字の読み間違いである。一位のフィリピンの受験者はわずか九十二人にすぎない。三位のスリランカも五十七人。これでわかるのは両国の受験生はほんの一握りのエリートだけだということだ。ところが日本の受験生は十万四百五十三人である。小学生も受けており、アメリカ留学を前提にしている人ばかりが受けているのではない。上位一万人だけの成績なら、日本が断然トップレベルのはずである。なにしろ年に一万人以上がアメリカの大学へ留学しているのだから」。

筆者は正直言ってトッフルの結果についての報道をそのまま鵜呑みにしていた。日本人がもともと外国語が苦手なのだろうと思っていた。だからフランクルのこの言葉に目からうろこが落ちる思いがした。なんのことはない、こんな簡単な間違った数字の解釈から間違った常識が生まれ、国家の政策として英語公用語論だの小学校英語教育だのが検討されることになるのである。

滑稽な英語公用語論

英語公用語論が政府レベルでとりあげられようとしたことがある。真空総理といわれた小渕恵三首相の私的な諮問機関「二一世紀日本の構想」懇談会（座長・河合隼雄国際日本文化研究センター所長）が平成一二年一月一八日に提出した最終報告書は、英語を国民の実用語とし、第二公用語としたらどうか、という提案を盛りこんでいた。

明治のはじめに初代文相の森有礼が日本語を英語に変えることをまじめに考え、また大東亜戦争直後には作家の志賀直哉がフランス語を国語にしたらどうかと提案した。いかに無茶な論とはいえ、いずれも激動期のことではあり、同情に値する主張だったが、今回の提案は時代状況に緊迫度は少なく、文化や言語に対する一般の理解も深まっているときだから、奇妙であり、滑稽ですらあった。

公用語というのは公的な文書や公的な場での発言が認められた言語のことで、複数の公用語の使用には二つの場合がある。一つは複数の言語が同一国内で拮抗する場合である。ベルギーはオランダ語とドイツ語とフランス語を公用語とし、スイスはドイツ語とフランス語とイタリア語を公用語とし、またアイルランドはアイルランド語と英語を公用語としている。もうひとつは旧植民地の場合で、旧宗主国の言語がふつうまだ公的に使われている。アルジェリアやモロッコでは公用語のアラビア語とならんでフランス語が広く使われている。インドではヒンディー語、マラーティー語、ベンガル語など十一の言語が各地域の公用語とされ、全国規模では英語が公用に使われている。フィリピンでは独立後もいまだに公用語として英語が行政にも小学校からの教育にも使われ、土着のタガログ語は使われていない。

公用語を何にするかはこのように一国統治の必要から生じている。民族間の争いをさけるために複数の公用語を設けるのはやむをえないし、植民地時代の宗主国の言語が依然勢力があるのも無理からぬことである。

しかし、日本は大昔から民族は一つであり、独立国でありつづけ、植民地であったことはなく、国内の意志疎通に障害は全くない。そんな国が他国の言語を公用語にしようというのである。それを他民族や他言語との闘争に明け暮れ、圧政、軛から逃れようともがいている人々が聞いたら、仰天絶句するだろう。

世界が狭小化し、諸国間の接触交流が強まるなかで、日本が日本語の障壁の内側で孤立し、世界に発信できないという現状をなんとかして打破しなくてはならない。このたびの英語公用語案も「インターネットなどを通じた国際化と情報化によって英語が国際共通語になったと見なし、英語を国民の実用語とすることは日本の戦略課題だ」といっているのは、その趣旨からであろう。しかし、国際化を英語公用語に結びつけるのは短絡であろう。それは次のような弊害をともなう。第一に、公用語であるからには、だれしも英語ができなくてはならないが、それは能力や生活状況からして到底無理である。第二に、公用語間に必ず優劣の評価が生じ、必ず争いが生じる。第三に、英語に堪能なことが社会的地位を得る条件になる。これは社会に大変な損害を与える。

いっそう重要なこととして私が指摘したいのは、言語が固有の文化に深く根ざし、文化と一体であるということである。これについて以下若干述べてみよう。

文化の崩壊を招く

どの文化も核心部分に魂の領域があり、宗教や道徳倫理がその所産としてある。それを情感の領域がとりまき、その所産として芸術（絵画、音楽、彫刻、様式建築）、文学、思想がある。その外側に遊戯、スポーツ、料理、衣服の層があり、制度の層があり、一番外側の表層に知性の領域があり、知識（＝科学・技術）や道具類がこれに属している。文化の中心にある宗教や道徳は人間の原質であり、その点で諸文化に底流として相通じているところがある。中間層の芸術は、はっきり区切られた特定の土地に生育した固有の花であって、他文化にはなかなか移植できない。遊戯、スポーツ、料理、衣服の部類や制度は移植可能であり、また、表層の知識や道具類は諸文化間を自由に往来できる。

文化の構成要素を私なりに同心円状にまとめると、以上のようになる。アルフレート・ウェーバー（『文化社会学』[3]）は、宗教、理念哲学体系、芸術創作は歴史体に封じこめられて、他の歴史体とは超越的底層で結びつくだけであるのに対して、科学技術は人類に普遍的に妥当するから、歴史体を飛び越えて伝播し、継承蓄積され、一本の梯子のように発展する、といっている。またアーノルド・トインビー(『歴史の研究』[4])は、経済的要素と政治的要素とがもっともよく伝播し、文化の中核にある要素は言語、知性、芸術、宗教の順に伝播が困難だといっている。

いずれも似た考えであるが、彼らは別に同心円という図形を持ちだしているわけではない。私はこれを同心円としてとらえ、言語をそこへ位置づけると、言語は同心円の中間層と表層にまたがり、文学は完全に中間層にあるが、表層で角質化した単語群は道具として文化間を自由に飛び回る、といえるのではないかと思う。

例えば「庭」は、表層部分では居住家屋に付属する一定の土地区画の意味であり、英語の garden にしてもその表層部分はそれと同じ意味であって、「庭」と garden とはたがいに交換可能である。しかし、文化の中間層部分に入ると、「庭」は石、樹木、苔、池など四季移り変わる色彩や香りを伴った具体物となっていて、英語の garden はいろいろな草花があちこち生い茂って日本の庭とは別種独自の風情を醸している具体物であり、したがって両者は互換できない関係になる。言語はこのように具体性が強いあいだは移動がままならないが、抽象化されるにしたがい文化間の移動が自由になってくる。

英語が公用語になるということは、抽象化された garden でなく、具体的な garden

が強くでてきて、具体的な「庭」と争うようになることを意味する。具体的な「庭」と争うということは、「庭」のイメージや風情が後退していくことを意味する。

野も、川も、橋も、道も、店も、服も、雨も、風も、雲も、朝も、夕も、みな同じであって、英語が世界語として勢威を振るうからには、それら概念の欧米化が容易に生じてくるだろう。

日本の雨には、雨、小雨、春雨、氷雨、村雨、長雨、時雨、夕立、五月雨、糠雨、通り雨、驟雨、秋雨、霧雨など、さまざまな雨があり、それぞれに様相が異なり、それぞれの表現に永い歴史のあいだに日本人が込めてきたたちがった情感がある。この日本の雨も rain とも呼ばれることで、イギリスの rain に押されて、しだいにそうしたこまかやかな雨の区別はなくなっていくだろう。われわれは「旅人とわが名呼ばれん初時雨」の世界につなぎとめられた住人であり、よそへ移住することを好まないし、移住してはならない気持ちでいる。

このように、日本語本来の言葉のもつ奥行きがなくなって、浅薄になったり、また本来持っていた微妙な意味合いが失われていくことがおこる。

また、日本人が人間に対してだけでなく自然の事象、事物に対しても敬虔な思いを抱いてきたことは、「オ月サン」、「オ粥サン」など、事物事象に「オ」や「サン」をつけて呼ぶことからも知られる。そうしたすばらしい言葉も、言語が欧米に占領されていくことで薄められ、消えていき、同時にその母体である宗教的情念も枯れ細っていくことだろう。

「風」や「野原」や「雨」や「月」といった自然物をあらわす言葉の場合は、言葉の内容は変化しても、風、野原、雨、月そのものは存在しつづけるが、人間文化をあらわす言葉の場合は、言葉の内容の変化によってそのものがなくなってしまうことが起こる。つまり「庭」が garden になり、「家」が house や home に押されると、庭や家がなくなってしまうのである。苔や灯籠の庭をみて、こんな庭があったのかなどと呟くことになる。

以上は外国語の進出によって事物の様相が変わったり、事物自体が消滅するということであるが、高次の世界が消滅するという危険もある。芭蕉の文章や平家物語の文章や西郷隆盛の文章などを読むと、世界が新しい相をもって、見慣れた世界よりも一段と上にある真実の世界として、立ち現れてくる趣がある。彼らの言葉を通して、世界が本質をあらわにして輝き出る。他国語をも公用語にするとき、知識の半分はその他国語に傾き、いずれも中途半端な浅薄な内容しか盛りこめなくなる。立派な日本語があるのにカタカナを使いたがる現状でもそれは窺えるが、二つの公用語ではその傾向は倍加するにちがいない。もはや言葉によってわれわれが深く導かれることは少なくなる。かかる言葉を生み出す力もなくなり、かかる言葉を受けとめる力もなくなっていく。それはより高い世界を失うことを意味する。

言語は文化中枢に根を張っている。文化の全体が言葉につなぎとめられ、言葉によって養われつづける。感性も、情念も、発想も、行動も、言葉と強く結ばれ、言葉から栄養をえて精力を強めている。言葉は人の瞳を生き生きと輝かせるだけでなく、文化を生き生きと輝かせ、創り出す力である。言葉をただの意志疎通の手段と見なすとき、文化は活力を失い、枯れていく。日本文化の衰微、崩壊が生じる。それを予見できないとは、日本政府機関は頭脳不足ではないか。あくまで第二公用語だとか、たたき台にしてはどうかというが、提言文のなかでカタカナ語を多用するところからも窺えるように、その発想は、日本を世界化とか国際化の美名のもとに別の文化へ従属させる植民地化の思考であろう。「日本の戦略課題」でなく、日本を搦めとるための外国の戦略課題ではないか。

実際生活の次元では、公用語とは、重ねていうが、公の場での発言が認められる言語のことである。国の議会でも、県や市の議会でも、なかに英語でしゃべる議員がいて、議案をいったい審議できるのか。英語で書いた公文書を、だれがわれわれに訳してくれるのか。厄介きわまりないことである。日本人同士がだれそれの英語の発音がどうとか、文法がどうとか、目糞鼻糞よろしくけちをつけあい、英米人の話には緊張して耳を傾け、真似しようとする、そんな光景にわれわれは耐えられるのか。

情報化革命によって国民全部が英語を必要とするとみるのは速断であろう。苦手の人は苦手であるに変わりなく、パソコンの前に座って英語をあやつることはまずないとしたものである。英語公用論でなく、いかに実際英語に堪能な人を多く育成するか、の方法を提案するだけで十分だったのではないか。欲をいわせてもらえば、現時点で人類最大の不平等、世界最大の不幸といえる国際間言語の問題を解決するために、新しい人工国際語の開発計画をぶちあげたらどうだったのか。

小学校からの英語教育

日本は世界に孤立した内向する国であり、それは対外的に意志疎通する手段をもたないところに大きな原因がある、従って英語に習熟していく必要がある、とはライシャワー(『現代日本人論』)(5)も言うところである。氏はしかし英語公用語論ではなく、幼稚園などで英語を音楽などを通して教えることを提案している。そしてその後の小学校でもひきつづき実地英語を教えていくこともいう。外国語の発音になれさせるには幼児期がもっとも効果的であることは氏の言をまつまでもない。しかし、よくいわれることだが、母国語の習得の基礎が固まらないうちでは、第一に思考操作の基本が乱されたり弱められたりする。心理的に不安になり、吃音などの弊害も懸念される。これは人間の人格形成にも悪影響をおよぼす大事である。第二に、そうでなくても低下してきている国語力がさらに弱まる。第三に、全国の幼稚園や小学校にアメリカ人や彼らなみにアメリカ英語を話せる人を配置できるか、という物理的な問題もある。

さらに、さきのくりかえしになるが、日本人成人全体の何パーセントが一体英語を必要とするのかを考えなくてはならない。英語の習得を必要とするひとは、日本の成人全体を八千万人としてその一パーセント（八〇万人）にもみたないだろう。わずか一パーセントにもならぬのに、のこりの九九パーセントの人を大金かけて教える必要がいったいあるのか。また、英語を苦手にするひとは何パーセントいるのか、も考えなくてはならない。その数は想像以上に多いと思われる。私個人の経験に周囲の教師経験のある人の意見を勘案すると、八〇パーセント、九〇パーセントいるとみるのが妥当な気がする。国民のごくわずかしかうまく適応できないというのに、小学校から全員に強制するとは無茶ではないか。

以上のことからすると、幼児期から外国語教育を行なうのは疑問となる。幼児期に希望者がいるなら、私立の教育施設がその要望に応えるはずで、小学校の義務教育に織り込む必要はないだろう。

日本の孤立化や内向性は改めていかなくてはならないが、英語公用語論とか、小学校英語教育論とか、一億人すべてが英語を習得すべしとする論はまちがっている。国民全体の微小な割合のひとしか必要としないこと、外国語を苦手とするひとの割合が極めて高いこと、二十歳前後からでもやりかたしだいで習得は十分できること、を考えなくてはならない。

さきにも言ったように、中学義務教育で英語を一応生徒全員に教え、高校では完全自由選択科目にし、大学受験も完全自由選択科目とし、大学では希望者だけにもっぱらアメリカ人による実際アメリカ英語の教育を缶詰方式で徹底する。外国へ行って世界の人と自由に交際できるだけの英語力はこのやりかたで十分身につけることができる。むろん大学生だけでなく、高校生にも自由に実地アメリカ英語に接する機会をあたえるのが最上であるから、各地に希望者に英語の集中的な訓練をする学校が公的に設けられるのが一番である。

英文学科を発展的に解体する

日本の大学の英文学科は、英文学の教習と英語の教習との二つを柱としている。英文学の教習はもともと英語の学習に付随して行なわれたものであって、それ自体日本の近代化に必ず必要だったとはいえない。さらに今後、英語教育がアメリカ人教官による完全自由選択科目に移行すれば、英文学科がこれまで果たしてきた高校や大学の英語教官の供給源としての役割が著しく減少することになる。

英文学科の勢力が減退していくこと、まして解体することには猛反対があるだろう。感じてはいても、敵は幾万どころか幾十万では、だれも言い出す人がいなくて不思議ではない。しかし、ライシャワーが『現代日本人論』(6)のなかで次のように助言していることを私たちは前向きに受けとめなくてはならない。

「(日本の英語教育で)いちばん困った問題は官公立の学校ではたらく五万人の英語教師の存在である。彼らのほとんどは英語を話せず、現行制度の改変をおそれている。学校制度はなんら役に立つ英語を教えていないのに、英語を受験用につかうのはよしとしている。外国人教師はいくらでも雇えるし、学生も勉強熱心だし、金もあれば電子機器もある。日本の英語教育はいつでも改変できる状態にある。制度改革だけが欠けている。商社や官庁は、有能な人材を二年三年海外に派遣して英語の力をつけさせるのを慣行にしているが、これには相当の費用がかかっている。教育制度を改革しさえすれば、金をかけずに目的は達成されるはずである」。

日本の大学のドイツ文学科、フランス文学科についても似たことがいえるだろう。ドイツ語やフランス語も英語とならんで明治以来国が力をいれてきた大学教科であり、独文学科、仏文学科も明治時代以後諸大学の文学部に設けられてきた。英文学科と同様、これらの文学科もすでに役目を果たし終わっているのではないか。今日、ドイツ語もフランス語も、第二次大戦以前に比べて国際的に勢力を著しく弱めてきており、日常の会話や通信での必要度は減少して、一九世紀後半から二〇世紀前半にかけての学問文献を読む上で必要というだけにとどまっている。つまり、一握りの学者が必要とするだけである。したがって、大学でこれまで全学生必修ないし選択必修とされていたのを、完全自由選択科目に変更すべきではないか。

それら両国の文学作品にしても、英文学の作品同様、本来日本人が学習研究すべきものだったのかどうか問題である。ヨーロッパ人というのはおそろしく研究熱心で、彼らの通ったあとは草も生えないのだから、私たちは彼らのあとを追うのはやめて、処女地に向かうのが本来あるべき姿ではないか。もともと英文学や独文学や仏文学の学科が欧米の大学に広く設けられているのは、同じ文明圏の文学として諸国民が必要とするからである。形でなく精神を倣うなら、日本は日本近隣の国の文学を研究する学科を設けるのがあたっている。

そのほかの言語の教習について一言すれば、中国語や朝鮮語は近隣友好の意味があるだろうし、スペイン語は商易に役立つだろう。しかし、ロシア語はいまや世界のド田舎の言語になってしまったし、イタリア語も衣服や料理関係ぐらいにしか役に立たない。そんなただのアクセサリーにすぎないものに莫大な公金を使うのは、NHKの放送を含めてやめてほしいものである。そんなことをする暇があるなら、米語という実戦武器を日夜研磨して訓練に訓練を重ねるべきである。

従来のヨーロッパ文学の研究者のほとんどは、それぞれの国や文化の礼讃者であって、各国文化の代弁者として自他ともに許していた。私は、彼らが代弁者であるのとは別に、各国の内情を調べ、国益に供するという一種スパイの姿勢もあってしかるべきだったのではないかと思う。少数なりとも、そういう学者もいてほしかったと思う。イギリス学の研究者はシェイクスピアを論じるだけでなく、イギリスの植民地支配数百年の犯罪史を告発し、ドイツ学専攻のひとはゲーテやワーグナーを称えるのと同時に、ヒットラーの非人道的行為を追跡し、フランス学の専門家はパリ祭に興じるほかに、太平洋での核実験反対の先頭に立ってほしかったと思う。ついでながら、隣国の中国を専門とする学者にしても、頭をさげているとどこまでも増長する横柄無礼な中国政府を強くたしなめてほしいものである。

加えるに、日本の文化は多種多彩であり、文学一つとっても歴史的に種類は多いし、作品は厖大な数にのぼるというのに、外国でこの事実を知るひとは少ない。他国の文学や文化の研究というのは多分に互換的なところがあり、その上にまたこの事実があるのだから、日本の外国文学者たちはその外国語能力を駆使して日本の文学、文化を宣伝する尖兵の役割を演じてほしかった、それによってヨーロッパ人が内向する殻を少しでも打ち破ってやってほしかった、と思う。

地域学への期待

文学部というのは大学全体を引っぱっていく本来大学の中枢のはずだが、その編成は明治時代から一向にかわっていない。東京大学文学部の編成は現在次頁の表のようになっている。官立私立を問わず、おおかたの総合大学の文学部の編成もこれに準じている。

思想文化	哲学 中国思想文化学 インド哲学仏教学 倫理学 宗教学・宗教史学 美学芸術学 イスラム学
歴史文化	日本史学 東洋史学 西洋史学 考古学 美術史学
言語文化	言語学 日本語日本文学(国語学) 日本語日本文学(国文学) 中国語中国文学 インド語インド文学 英語英米文学 ドイツ語ドイツ文学 フランス語フランス文学 スラヴ語スラヴ文学 南欧語南欧文学 西洋近代語西洋近代文学 西洋古典学
行動文化	心理学 社会心理学 社会学
文化交流施設	基礎部門 朝鮮文化部門 東洋諸民族言語文化部門

講座の編成替えは専門教官の首のすげ替えにつながるので、実行はたいへんに困難であるが、思い切った改革をすべきだろう。目指すべき理想形を私なりに示せば、文学部を人間文化、日本文化、地域文化の三系列として、人間文化系に哲学、倫理学、宗教学、社会学、言語学の諸学科を設け、日本文化系に日本語、日本文学、日本考古学、日本史、日本美術の諸学科を設け、地域文化系には

朝鮮
中国
東南アジア
太平洋諸島
インド
西アジア
西ヨーロッパ
東ヨーロッパ
アフリカ
北アメリカ
南アメリカ

の諸学科を設けるというものである。

この地域文化系の諸学科では、世界の諸地域の言語や文学だけでなく、歴史、宗教、芸術、民俗など文化の全般が教育研究の対象になる。英語英文学はこれらのうち西ヨーロッパ学科の一部を構成するにとどまる。従来の文学部というのは西欧ばかりが大写しで、欧米の大学の文学部のひきうつしみたいなものであったが、こうすることでヨーロッパ中心の学問姿勢からの脱却がはかられ、地表のあらゆる民族に対等の距離で接することが可能になってくる。

これら諸地域諸民族の研究は文学部以外ではするところがない。それに、諸外国の大学の文学部の編成も、やはり西欧の大学の文学部のひきうつしが多いと聞く。西欧文化にどっぷりつかっていた時代は過ぎた。今は近代と諸民族の時代である。南インドの伝承や舞踏、チベット古代の人文、中南米の現代の政治と経済、アフリカの民族と社会、南太平洋の言葉や芸術、世界中の自然と人文の風が研究室に吹きこんでこなくてはうそである。

本来大学全体を引っぱっていくはずの文学部が、いつまでも欧米の後塵を拝していてはなるまい。新時代にふさわしい新しい器に新しい内容を盛って世界の大学をリードしてほしい。理工系全盛の時代だけになおさら望まれることである。

第4章　脱欧入近代

近代化と西欧化

日本アルプス、近代洋風建築、英文学科と以上三章にわたって書きつらねてきた問題は、煎じつめると、「近代化と西欧化」という一つの問題になる。

近代とは何だろうか。近代が常識的に西欧近代であるかぎり、近代化は即ち西欧化であるとされるか、少なくとも西欧化の随伴は不可避とされる。日本アルプスも近代洋風建築も英文学科も生じてくるのは自然である。

明治以降、近代は西欧と一体のものとみられ、西欧化することが近代化することだとされてきた。「文明開化」とは愚昧野蛮を脱し文明化するということだが、その「文明」とは西欧近代世界を指している。また、明治の当初から昭和の時代まで日本社会の合言葉であった「和魂洋才」という言葉にしても、その「洋才」とは近代の科学技術をはじめとして西欧文化全般にわたる知識才覚のことである。福沢諭吉は『文明論之概略』のなかで、日本と西洋をくらべ、技術だけでなく精神も西洋の方がまさっているとして、「西洋の風に倣い、亜細亜の東辺に純然たる一新西洋国を出現する」ことを日本の目標に掲げた。そして隣国の開明を待つ猶予はないといって、脱亜入欧を唱えた。さらに、岩倉具視、大久保利通、伊藤博文、木戸孝允らの岩倉使節団が二年近くにわたって欧米諸国をまわり、政治、経済、産業、軍事、社会、文化、思想、宗教を視察して出した結論も、福沢とおなじ脱亜入欧であった。明治の三元老の一人井上馨にしても、鹿鳴館を建てて西欧の文化と生活の流儀を模倣し、「我が帝国及び人民を化して恰も西洋国の如く西洋人民の如くならしむるあるのみ。之を切言せば、西洋的一新帝国を東洋の表に造出するにあるのみ」と言ったとき、やはり西欧文明と近代とは一体であり、同じものだった。

西欧文明普遍主義

明治の指導者たちがそのように両者をとらえていたのは、不平等条約改正といった政治的意図が含まれていた場合もあったにせよ、近代も西欧文明もともに普遍的である、とする見方が働いていたといえるだろう。その考えは日本社会において今日までほとんど変わらずに保たれてきた。実は日本にかぎらず、世界中でそう見られてきた。近代科学技術は普遍的であり、それを生みだした西欧文明もまた普遍的であるとされ、その文化要素はどこにでも移植されることができるし、普及されてしかるべきだというのが暗黙裡の世界通念になった。今日ピカソやダリが世界の市場で莫大な高値で取り引きされ、バッハやワーグナーが世界中で演奏され、シェイクスピア劇が日本人の俳優によっても演じられるということ、他方、日本やインドやイスラムの絵画、音楽、演劇は、それぞれの故郷の土地を離れては、見られも聞かれもしないということは、西欧文化の普遍性を証明しているようにみえる。

しかし、思い浮かぶ感覚的なことだけでも、油絵具のあの鼻をつく刺激臭にしろ、弦楽器のあの曲がりくねる旋律にしろ、ソプラノやバリトンのあの立体的な発声にしろ、巨大な石造建築やその上に並ぶ人物彫像群にしろ、もともと日本文化にはなじみのうすいものであって、これでは、アメリカや西欧諸国が政治的経済的軍事的に長く世界を支配してきたからそうなっているだけではないか、と疑われてくる。

西欧文明は普遍的に真善美でないかもしれない。つまり、近代を西欧と同一視するのはまちがっているかもしれないのである。

西欧人学者は日本が封建制度を西欧とは独立に発達させたことに腹を立てているといわれるが、西欧が二百年もかけて形づくってきた近代を、日本がわずか三十年のあいだにわがものにしたことにも不満である。彼らは近代を西欧文明のなかにとじこめておきたい。そこで、近代化には西欧化は欠かせない。近代科学と技術を学習するには、それに伴う思考のプロセスも学習せねばならない、とした。政治制度にしても、形だけでなく中身も見習わなくてはならない、とした。ジョン・ホール（『日本の近代化に関する概念の変遷』[1]）は言っている。「西欧人は日本が技術面のギャップをうめると、今度は社会立法や国民道徳をとりあげ、物質的進歩がすべてではない、西欧文明の真髄はキリスト教倫理にあり、少なくとも人間の尊厳に関する自由主義的伝統と政治における民主主義を身につけなくてはならない、日本は文化的道徳的にはまだ野蛮状態を脱していない、と主張した」と。要するに、西欧文明は普遍文明であり、近代の専売特許をもっている、西欧に学べいつまでも、というわけである。サミュエル・ハンティントン（『文明の衝突』[2]）は、西欧文明普遍主義は非西欧文化に立ち向かうための西欧文明のイデオロギーだ、と言っている。

上滑りに滑る

近代と西欧文明とは一体であって切り離すことはできないものだという考えは、これまでずっと日本社会の通念であった。

福田恆存（『伝統に対する心構え』(3)）はそのことを次のように言い表わしている。

物質文明がいかに普遍的であろうと、それにはそれに適した文化がある。ある型の文化の上にそれに適合した文明が築かれる。物質的客体的文明には必ず精神的主体的文化の支えがあり、物質文明もまた精神的であることを知らねばならない。したがって、西洋文明を受け入れることは同時に西洋文化を受け入れることを意味する。和魂をもって洋才をとりいれるなどという、そんな巾着切のような器用なまねができようはずはない。和魂をもって洋魂をとらえようとして、始めて日本の近代化は軌道に乗りうるといえるのだ。

この福田の考えでは、洋魂洋才であってはじめて近代文明が本物になる、というのだから、日本の近代化は容易でない。福田の結論が「はじめから混乱を救うすべはない。外発的に西洋近代をうけいれた結果日本が陥った混乱を必然として諦観し、宿命として観念しつつも、それを生き抜いて脱出する自由を確保する」ということになるのは当然である。

中村光夫（『近代への疑惑』[4]）も次のように似たようなことを言っている。

科学はいうまでもなく人間の精神の一機能であり、知性により自然を認識する一方法である。したがってこれは元来が長い伝統をもつ厳格な知的訓練の所産であり、またその本質において芸術と同じく人間精神の無償の活動であるはずである。科学の実生活への応用は、たとえそれがどのように驚くべき結果を生じようと、常に科学自体にとってはひとつの結果であり、目的ではありえない。この無償性は芸術におけると同様に科学にとってその本質をなす生命であろう。日本の西洋科学の輸入は、極言すればそれはすでに科学ではなく、既成の科学的知識の集積にすぎなかった。真の科学的作業とは反対の出来合いの知識ないし技術の習得であった。こうした安易な移入の仕方が他の文化領域にも無意識に深く浸透して、哲学の思想も文学も生硬な形のまま、日本の土壌に根をおろす余裕もなく、ひとわたり流行しては忘れられていった。文学は海外の新意匠を求めて転々とし、哲学は自分の思想をもたない多くの「哲学者」を生んだだけであった。

このように中村も、科学を芸術と同様西欧文明の母胎から生まれ、その文化全体と切り離しえないとみるのだから、近代化とはすなわち西欧化のこととなって、結局近代化の徹底は困難となる。日常ぼくらは電灯のもとで万年筆を使っている。洋服を着て、靴をはいている。電車、自動車、電信電話郵便、みなこれ西洋からの輸入品である。ぼくらの生活は所詮借り着の生活だ。氏の結論が、この空虚な生活を正面から見つめることによって、人真似でない内発性の文化へと少しでも変えていかなくてはならない、ということになるのもまた当然であろう。

福田や中村が言っている「外発的」とか「内発的」というのは、もと夏目漱石がつかっていた言葉である。漱石は『現代日本の開化』(5)という講演のなかでこんなことを言っていた。

「日本は内発的な開化で大体進んできたが、明治の開化は全く外発的で、押しに押されて今日に至ったばかりでなく、向後何年か、またおそらく永久に押されていかねば日本は日本として存在できないのです」。「西洋人が百年の歳月を費やしたものをその半ばに足らぬ年月で明々地に通過しおえるとしたなら、神経衰弱にかかって、気息奄々として今や路傍に呻吟しつつあるは必然の結果でしょう」。「現代日本の開化は皮相上滑りの開化であり、涙を飲んで上滑りに滑っていかなければならないのです」。「私には名案はない。ただできるだけ神経衰弱にかからない程度において、内発的に変化していくのがよかろう、と言うよりほかに仕方がない」。

以上の論の発表年は、福田恆存昭和四〇年、中村光夫昭和一七年、夏目漱石明治四四年で、それぞれ二、三〇年の隔たりがある。福田恆存昭和四〇年から平成一五年の今日までまたさらに三〇数年あるが、通念はさして変わらないから、日本の精神心理状況が明治時代からあまり変わっていないことがわかる。

「近代の超克」会議

大東亜戦争当時は短期間とはいえ西欧的近代の克服がなされたかと考えられそうだが、当時の知識人の「知的協力会議」(参加者河上徹太郎、津村秀夫、下村寅太郎、中村光夫、菊地正士、林房雄、鈴木成高、亀井勝一郎、吉満義彦、三好達治、諸井三郎、西谷啓治、小林秀雄)とその論集『近代の超克』(6)(上掲の中村光夫の論もこれに掲載されている)から知れるのは、当時の人もまた日本近代に躓き、西欧化を必然とあきらめつつも、出口を求めて苦しみ悩んでいたことである。

「西洋の自然主義文学を学んだための人間の獣化、神の否定、合理主義、個人主義が大正昭和初期の青年の心をむしばんだ。今は国民の自信を奪う亡国文学の時代だ」（林房雄）。

「僕の感じている「近代」とは要するに自分がこの十数年に経験した混乱そのものであるというしかない。今の時代は神々から追放された人間の悲惨の時代である」（亀井勝一郎）。

「藤原義江が日本の民謡を西洋流の妙な発声法で歌って、日本人に歓迎されたのなどは馬鹿げた風景である。作曲の方で新しい精神と情緒を盛ったものが作られても、あの歌い方ではぴったりゆかなくて、寧ろ滑稽です。あれは上野の音楽学校の影響かも知れぬ。西洋の歌い方に何か日本的なものとどうしても合わないものがあるのか」（津村秀夫）。

「現在のままの西洋音楽は日本人の板につくことはない。完全に新しい音楽様式を創造しえて、板につくと思う」（諸井三郎）。

「われわれにとって近代の超克とは西洋の借り物の文化を清算することであり、われわれの文化のもつ混乱状態を立て直すことである。すなわち日本の近代文化に対する国民的反省をなし、これに徹底した批判を加えて立て直すことである。これは西洋文化の盲目的模倣から目覚めることである」（諸井三郎）。

そしてこの会議で交錯したこうしたさまざまな意見は、結局次の言葉にみるような、西欧の歴史と文化を根源まで溯って究め、西欧文明を内面からものにしててはじめて真の近代化が達成される、という考えに収束されていったようである。

「大東亜戦争において世界の秩序の外形を変革することがさし迫った当面の問題になっているが、近代の超克の意味の根底に触れるには外面の変革だけでなく、もうひとつ内面的な秩序の変革、精神の変革を考える必要がある。そのためには「近代」の精神的根源を突き詰めること、具体的にフランス革命、さらにルネサンス、宗教改革へと考えを及ぼすことが肝心となってくる」(鈴木成高)。

近代をわがものにするためには西欧の歴史と文化をとことん理解しなくてはならない、とは、筆者の記憶では私たちがずっとこれまで教えこまれ、無意識に自分らの覚悟にまでなっている目標のような気がする。しかし、

「明治以来の日本の文学は西洋の近代の文学を離して理解できない。しかし、みんな西洋の近代文学を誤解してきた。ほんとうの西洋近代の思想の相を見極めようとする精神が現れてきたのはつい先頃である。そういう地道で健全な反省なり研究なりがようやく緒についたときに政治的危機が到来した」(小林秀雄)

という言葉からすると、政治的危機が去った戦後は西洋近代の思想の地道で健全な反省なり研究がすでに半世紀も積み重ねられたわけだから、混乱が収拾してよさそうな

のに、実際はそのきざしすらみえない。むしろ精神はいよいよ混迷し、全人性は失せ、創造的活力は萎えている。かつて岡倉天心や新渡戸稲造は東西文明の融合をもって新生日本の果たすべき世界史的使命としたが、その理想は一片の夢想だったようにみえる。漱石のいうとおりではないか。

振子運動

筆者は昭和二七年に大学に入り、卒業後ながいあいだ自分の専攻分野を見出せずにいたが、漸く三〇歳代に入って文明史の比較研究に身の置き場所をみつけて今日にいたっている。大学生の当時から今日までのおよそ五〇年間をふりかえると、日本の知性の動きは、この「近代の超克」会議でいう西欧文化の根源を追求する方向にあったといえると思う。ルネサンスや宗教改革までではなく、さらに中世に進み、またさらに昔のギリシャ・ローマ時代へと溯る。デカルト、ロック、パスカル、カント、ヘーゲル、ショーペンハウエル、ニーチェの思想が大学で講じられ、次々に出版され、プラトンやアウグスティヌスの書物も学生や教養人の書棚に並べられた。しかし、私にはどうもピンとこなかった。音楽会にでかけてモーツァルトやベートーベンを聴いても、美術館でモネやピカソを観ても、音楽ホールや美術館の外に出ると、空しい思いがした。山や木や空は白けて見えた。書斎でシェイクスピアやゲーテの書を繙いても、訴えてくるものがなかった。それでどうして身につくことがあろう。私はいつも自分がよそものの感じがしていた。今までの日本近代は翻訳文化、借り着の文化だったのだ、やりかた次第で本物になる、そうひとはいうが、翻訳文化、借り着の文化から脱却することがいったいあるのか。西欧文明は普遍的世界的価値をもつ、という学者や評論家の考えはほんとうに合っているのか。

加藤秀俊(『日本の百年』「社会」)(7)の次の言葉は、それが私ひとりの感慨でなかったことを示している。

「近代日本の作家や芸術家、そして知識人一般のあいだに存在してきた根源的な問題も西洋と日本という二つの価値と関係していた。彼らは一方では、本を通じてえた知識によって、あるいはみずからの留学経験によって西洋近代というものに価値の基準をおいた。西洋人のような暮らしにあこがれもした。しかし、現実の日本にみるものは、あくまでも土着的な日本そのものである。この二つの価値のあいだで、多くの人の心がひき裂かれた。西洋主義の立場をつらぬこうという人は、日本をはなれて西洋に亡命した。西欧を捨てて日本の土着の伝統を凝視することにふみ切った人もいた。若いころは西洋主義で中年をすぎてから伝統に回帰する人もいた。ふたつの価値の間の振子運動に疲れ果てて自殺する人もいた。どのようなコースを取るにせよ、近代と伝統という二分法と、日本の知識人は対決してきたのである。その精神史にはまだ結着がついていない」。

永井荷風の悩み

永井荷風に『新帰朝者日記』(明治四二年)という短編の小説がある。この小説が扱うのは、今いう西欧普遍文明が日本の風土に与えた苦しみ、悩みである。あるいは西洋の模倣に明け暮れる醜い現代日本社会への批判である。それは上にあげた人びとの一般論の具象化といえる。

荷風が均整と洗練の形式美と雰囲気をもつパリの都市生活の賛美者、心酔者であり、また同時に、江戸の調和と静寂の都市美をこよなく愛慕した人であったことは、人のよく知るところである。それは長い歳月をかけて醸成された様式純一の、芸術そのものである日常生活がそこにあったからにほかならない。彼がマガイモノの東京を嫌悪忌避し、ホンモノの江戸のせめて香の残る花柳界に逃避沈溺したのは、彼の全生命を賭けての抗議の表明であった。

「自分が日本に帰って来て新しく感じるのは、この東洋的と云う目に見えない空気ばかりである。日本は賢明なる維新の改革者の志に基づき、日一日と欧州に見るごとき近代的の生活を営まうとして居る。然し諸行無常の鐘の音が今もって聞こえる東洋の土上に、それは果して最後の勝利を占むべき性質を有して居るであろうか」。

『新帰朝者日記』の冒頭で主人公であるピアニストに語らせている、東洋の土に西洋の花が移植できるのかというこの疑問が、作品全体の基調である。その疑惑はなにより身の回りの事物の不調和から発している。

「自分はもうピアノをみるさえ厭な心持がする。両足を折敷いて座る事は我慢にも苦しくて堪らぬ所から、椅子、机、長椅子など西洋の家具を据並べてあるが、日本座敷の天井や襖を見ると、ピアノの厳めしく重い形とはどうしても調和しない。殊に其の黒く塗った漆の面に、袖のある和服を着た自分の姿の映っているのを眺めると、自分は泣きたいような情無さと、同時に思はず吹出したくなるほどの滑稽を感じる。此の服装、此の居室、そして此の遠い遠い東洋のはづれまで来てあの悲しい北欧の音楽を弾じようと云ふ。ああ何たる無謀の企てであらう」。

主人公はこのように悩みつつも演奏活動をつづけ、演奏会を催し、それが済むと、「自分は帰国して以来、西洋音楽の演奏会に赴く度々、いつもそこに少なからぬ聴衆の集って居るのを見て感ずるのは、「西洋」という一語がいかに強く、或る一部の若い日本人の心を魅しているかと云う事である。自分も嘗っては同じ日本の学生であった。其の過去の経験から推測して誤らずんば、重に学生ばかりの聴衆は、今日とても同じく、演奏される西洋音楽の意義をば満足に了解しては居まい。彼等にはもっと了解し易い詩吟もあり薩摩琵琶歌もありながら、彼等は単純に西洋音楽は日本音楽よりも高尚である深遠であるという盲目的判断、寧ろ迷信に支配されて馳せ集るのだ。ああ、「西洋」何たる不思議の声であらう」と言って再び嘆く。さらに、自分の居室に掛けてある西洋画を見てははるかフランスの田園風景に想いを馳せ、それにひきかえ日本の風景は、樹木も山も川も、富士山までもが、いまの自分には全く魅力がないと告白する。また、自分の身体まで日本食にもはや合わなくなって、一日たりとも甘い果物や強い珈琲なしでは過ごせなくなっているのに気づく。「世界に類例のない茶の湯を作った日本人、魚のはらわたの塩漬を称美する日本人とは、自分は如何に思想上のみでなく肉体の組織からしてもちがって了ったのであろう」。ある日イタリア大使館の晩餐会に招かれ、その席上、ひとりの富豪の令嬢を「この方もあなたと同様半分ヨーロッパ人になった方です」といって紹介され、フランス語の文通をはじめるが、「まこと貴兄の云はるる通り我等は哀むべき思想上の追放者に御座候。言語文字まで自国のものより外国のものを愛するという国民は世界中何処にも無かるべくと存じ候」と、両人ともに自嘲の言葉のやりとりをしている。

主人公は、自分が及ばずながら将来の国民音楽を起こそうとする過渡期の犠牲になろうという覚悟でいるが、三弦とピアノとのいずれが日本人の情緒を適切に表現するのかという疑いがつきまとってはなれず、結局は、西洋の芸術が日本の国土に花開くことはないのではないか、という絶望感に打ちひしがれる。

日本の風土と西欧の文化の間にこのように心を引き裂かれたひとは、この小説が書かれてから今日までの百年のあいだにも無数にいたことだろう。荷風は、近代日本人の胸奥にわだかまるこの根本の悩みを、この主人公の独白に託した。そして、ただただ嘆いた。この嘆きは社会の底流として長く存続したが、敗戦を境に次第に消えてゆき、今は消滅してしまったようにみえる。

現代の新帰朝者はどこにいるのだろう。彼がピアノを弾くのは、障子や畳の和室でなく、すきま風の入ってこない、晩鐘の音も聞こえない、バラなどの花で飾られた洋室である。外には高層ビルや洋館が立ち並び、西洋語の名前の道路が走り、西洋語の名前の橋がかかり、西洋語の名前の店が並び、西洋人音楽家の名を冠した広場もある。しかし、都会の外に出れば、自然の気配も人の立居振舞も、西欧芸術の体している西欧のそれとはちがうではないか。ベートーベンの「田園」やヴィヴァルディの「四季」は、春霞の野山や川、蝉しぐれに騒然たる夏の昼、虫すだく秋の薄野、清艶な冬山の夕暮れ、そうした日本の自然の風情を伝えているのだろうか。

私たちは荷風の提出した問題にいまだに答えないでいる。

別物ではないか

近代と西欧文明とは一体であって、西欧文明の思想芸術風俗も学ばないと近代はほんものにならない、そう多くの人はいう。その考えだと、漱石のいうように西洋に永久に押しに押されて上滑りに滑ってゆくほかなく、荷風の嘆きは終わることがない。

私はあえて言いたい。この考えはまちがっているのではないか。近代と西欧文明は別物ではないかと。

飛行機や自動車や高層ビルが立ち並ぶ都市の姿や、さまざまな電化製品を使う日常生活のありかたなど、今日の世界中にみられ、西欧にも見られる社会の姿は、西欧伝統の社会の姿と大きくちがっている。また、一六世紀日本にきた西洋は退けられたのに、一九世紀日本にきた西洋には門戸が開かれた理由は、前者が西欧文明であり、後者が近代だったという点にあるといえる。それは、近代というものが西欧文明と別物だということを示しているだろう。さらにまた、一九二〇年代アタチュルク・ケマルは、トルコ伝来の宗教や文字やその他の文化要素を破棄し、トルコ文化をそっくり西欧文化に変える改革を進めたが、近代化に成功しなかった。アフリカ諸国は西欧化のみが進行して、近代化はみられない。あるいは、イスラム諸国は、イスラム伝統の衣食住や信仰の生活習慣を保持しながら、近代の先端技術を自由に操作している。そうした事例も、近代技術と西欧文化とが離れがたく一つであるということを否定するものだろう。

それになによりも、西欧から遠く離れ、宗教も文字も風俗も文学も芸術も歴史も何もかもちがう日本が、わずかな年月のうちに科学技術を習得し、一九世紀西欧がもっていたほとんど絶対的な力の優越を打破し、また現在世界の先端を走りつづける技術大国であるという事実は、なによりその証ではなかろうか。

近代とは日本文明とか西欧文明といった文明とは種類を異にする、それらを超えた巨大な何かではないだろうか。資本主義も社会主義も民主主義も独裁主義もすべてを呑み込んでならしてしまうブルドーザーのごときものではないだろうか。

近代と西欧文明とが元来別物だということが確かなら、その認識がはっきり自覚され広まることは、われわれの精神、日本人にとどまらず世界中の人々の精神に、革命的な変化をもたらすはずである。

近代認識のおくれ

近代が西欧文明とは別物であり、新種のなにかだということはうすうす感づかれてはいても、表だって問題にされることなく、両者は同じものだろうという漠然とした考えが、いつまでもずるずると世代から世代へと引き継がれて今日にいたっている。近代なるものの正体はなかなかあかされなかった。

西欧においては、そこが近代の発祥地であるにもかかわらず、近代は認識されなかったし、日本では、近代は短期間のうちに劇的な社会変化を生み出したのだから、近代が凝縮した形であらわれていたにもかかわらず、やはり認識されなかった。近代の究明は、西欧人の手によって、二〇世紀の後半に入ってからようやくはじまったにすぎない。

西欧世界で近代の認識がこのように遅れたのは、それが西欧でゆっくり形づくられ、西欧伝統文化のかげに隠れてはっきり見えなかったせいでもあるが、さきほど言った近代とは西欧文明なりという名誉と戦略に関わる観念が、そこに根強く働いたためでもあろう。

他方、日本でその認識ができなかった理由は、ひとつには西欧列強に追いつかねばならないという緊急課題である。富国強兵や殖産興業をはかるために、西欧の制度文物がやみくもに導入され、近代と西欧の区別がつけられなかったということだろう。もうひとつの原因は日本史学をはじめとする学問が左翼思想へ傾いていたためである。左翼思想は歴史を封建制から資本主義をへて社会主義ないし共産主義へむかう運動ととらえるので、近代社会なるものもその過程のなかに入れられる。近代社会は単に資本主義社会とみなされ、近代化とは資本主義化にほかならず、やがてはソ連や中国にみられるような社会主義ないし共産主義によって克服されていくとされた。

このように日本近代史の研究者の多くは、近代を資本主義の枠内でとらえ、封建制の残存が資本主義化、近代化を遅らせてきたと主張した。アメリカの日本近代研究者が、日本近代の様相に着目しつつ、近代を資本主義とか共産主義、自由経済とか計画経済とかにかかわりのないところでとらえるべしと主張したのと好対照である。ソ連体制の破綻や中国の市場経済への移行からしても、また、そもそも社会主義体制自体が近代化実現への努力のあらわれだったといえることからしても、この二つの立場のいずれが正しいか論じるまでもないだろう。

近代を分析する

私はここで近代を正面に据え、その本質を探り、正体を明らかにする作業を行なって、近代が西欧文明と同じものか別物かの問題に決着をつけたいと思う。以下、近代を構成諸要素に分解し、それぞれの本性を明らかにし、成立の経緯を知り、諸文明の事情を比べ、さらに諸要素間の関連をみていくという手順を踏んで、近代の全体像に迫っていくことにしたい。

まず何人かの近代社会の大まかな輪郭を示した言葉を引用してみよう。

「近代社会への変化を刻印するのは産業革命と民主革命である。産業革命では技術革新が近代資本主義を生み、商品市場が拡大し、自由な労働市場が生じ、安価な機械商品が流通する社会となった。民主革命では自由・平等・友愛のスローガンのもと、貴族の世襲的特権が剥奪され、政治的にも経済的にも民衆の自由で平等な参加がはかられた」（タルコット・パーソンズ『近代社会の体系』(8)）。

「文明史には二つの大分水嶺がある。ひとつは一万年前の農業革命であり、もうひとつは一八世紀にはじまる産業革命である。後者も前者と同様に世界中に普及し、人間生活の質と特徴を恒久的に変えようとしている。近代化とは工業化のことであり、政治的権利、女性参政権、議会制度などとは本来無縁である」（ハーマン・カーン『大転換期』(9)）。

「人類史には文明前社会から文明社会への転換と、文明社会から文明後社会への転換という二つの大転換がある。第一の大転換において都市が生じ、僧侶、国王、軍隊などの強制組織が現われた。第二の大転換は主として産業革命によって生じ、科学、技術、社会の物的機構、物理的エネルギーの利用などとともに、社会諸制度の転換も生んだ。この大転換からみると、資本主義と社会主義の間のイデオロギー闘争はすべて無意味にみえる。偉大な転換に適するイデオロギーは資本主義でも社会主義でもなく、科学イデオロギー自体である」（ケネス・ボウルディング『二十世紀の意味―偉大なる転換』(10)）。

「産業技術の発展を特徴とする近代社会は、農業技術の発展を遂げてきた以前の社会と同じように人類史の一大発展段階である。近代化は世界中どこでも機械、工場、軍隊などが先行する。それが社会変化をひきおこし、観念が変わっていく。近代社会の特徴はまず科学技術であり、ついでマスコミ、さらに民主主義であろう」（エドウィン・ライシャワー『日本近代の新しい見方』[11]）。

以上の諸家の言葉に共通するのは、近代が人類史の二番目の大転換期にあたっているということ、またその中心的推力が科学技術にあるということである。

近代への関心が第二次大戦後に高まったのは、ひとつには植民地があいついで独立を果たし、近代化をおしすすめた結果であるが、それと同時に、西欧文明圏に属さない日本が急速に近代をものにして、西欧列強と張り合うだけの力をつけたことへの驚嘆と危惧の念が、近代の再定式化へ向かわせたためといえるだろう。日本への強い関心は、近代研究者によくみられるところであって、ロストウ（『経済成長の諸段階』[12]）は「本書の見解は近代日本史の研究に負うところが大きい。近代日本史は社会科学者への一つの挑戦である。近代日本の物語はわれわれの知識を著しく豊かにした」、パーソンズ[13]は「日本は産業革命、民主革命、教育革命をおこない、まちがいなく完全に非西洋の巨大社会で近代化を極め尽くした初の主要国である。その発展の体験は近代化の過程にある諸社会の将来に幅広い課題を提供する」、カーン[14]は「ペリー来航以前に日本は近代社会としての多くの特徴を具えていた。すでに強国であり、精緻な商業の市場と機構をもち、識字率も高かった」と言っている。

特にアメリカでは日本史研究が優秀な研究者に恵まれ、急速に進歩して、なかでもその日本近代史の研究成果は世界の注目するところとなった。アメリカの日本研究者が一九六〇年夏箱根で近代日本研究会議を開き、日本の近代化を集中討議したのもそうした日本熱を背景にしていた。会議の進行に中心的な役割を演じたのはジョン・ホール、マリウス・ジャンセン、ロナルド・ドーアといった錚々たる日本史学者であり、日本側からは多数の経済学者、政治学者、歴史学者が参加した。(15) ホール（『日本の近代化に関する概念の変遷』(16)）によれば「現代の社会科学者の仕事のほとんどは、それぞれの狭い専門領域に限られ、近代化の統一概念を作るという問題にほとんど注意を払わない。そのため近代世界の意味も西欧化、民主化、工業化といった、明らかに不適切な概念か、もしくは社会科学の諸領域の狭い術語のなかにおしこめられたままの状態である」。そこで、対話が成立するためにはまず近代社会の本質についての共通の理解が不可欠であるとして、開催された三日のうち、まるまる一日が近代社会の本質の討議に費やされている。その結論は、

（1）都市への人口の比較的高度の集中と、社会全体の都市中心的傾向の増大。

(2) 無生物エネルギーの比較的高度の使用、商品の広汎な流通、サービス機関の発達。
(3) 社会の成員の広汎な横断的接触、経済・政治問題への参与の増大。
(4) 環境に対する個人の非宗教的態度の拡大と科学的志向の増大、それにともない進む読み書き能力の普及。
(5) 外延的・内包的に発達したマスコミ・ネットワーク。
(6) 政府、流通機構、生産機構のごとき大規模な社会諸施設の存在と、それら施設がしだいに官僚制的に組織化されていく傾向。
(7) 大きな人口集団がしだいに単一の統制国家のもとに統合され、これらの単位間の相互作用（国際関係）がしだいに増大する。

以上の七項目をもって近代社会の本質とするというものである。これは都市中心、無生物エネルギー、政治参加、科学、マスコミ、官僚制、国際関係という言葉に要約できる。

前にあげた諸家のいうところとこの研究会議の結論のなかから、近代を構成する要素として近代科学、近代資本主義、近代官僚制、都市、識字率、民主主義、個人主義、自由主義を選び出し、それぞれの本性を調べ、西欧における態様と他の文明での態様を比べてゆくことにしたい。

近代科学

近代自然科学はひろく近代文明を支える要素の代表と見られている。その基礎には近代的自然観がある。近代的自然観は、自然を無機的な存在として機械論的に理解する。その見方では、われわれをとりまく一見生気に満ちて千変万化する現世界は無限小の物質的単位に分解され、原子に還元される。世界・宇宙は画一的な無限大の広がりとみられ、数学的な表現と方程式を軸とする抽象的普遍的な記号体系として表わされる。

この近代科学は一七世紀の西欧社会においてデカルト、ガリレオ、ニュートンなどの科学者によってはじめられた。彼らは自然・世界・宇宙を生気なき物質の集合として原子論的微粒子論的に捉え、計測可能な世界とみなし、この知識を力として、自然を人間のために支配搾取する道をひらいた。それには、西欧中世において人間は神によって自然を支配する権利を与えられているのだという世界観があって、それが素地になっていたのだが、(17) バターフィールド(『近代科学の誕生』)(18) によれば、近代自然科学の誕生は人類の歴史のなかでも特に「科学革命」として特記さるべき画期的なできごとであって、それに比べればルネサンスも宗教改革も単なる挿話的な事件にすぎない。

それはしかし西欧文明のほかに自然科学の発達がなかったということではない。古代のインド、ギリシャ、中国において、また近世の日本において科学の発達はみられた。しかし、それらでは自然は生気論的に捉えられ、科学は観照的な理論知にとどまり、自然を征圧する「力としての知」の体系にならなかった。西欧の自然科学と他の文明の自然科学はこのように異なる相をもっている。しかし本質はといえば、知であり、理であるという点で同じであり、西欧科学はそれを極限にまでつきつめた形態といえるだろう。

ところで技術というものは、人間生活を便宜にするために自然環境を支配管理矯正する道具である。文明それぞれの風土によって発展や形態にちがいがあるなかで、近代社会では科学と結びついた科学技術として、近代科学の力への意志のままに自然をあからさまに征圧搾取する道具となっている。

近代科学は西欧文明に発するとはいえ、このように西欧文明を超えた普遍的知識体系であって、いかなる宗教・倫理・イデオロギーに対しても中立であり、さまざまな人種や文明文化から等距離にある。その特性をあげれば、普遍的であること、客観的であること、無機的であること、累積可能であること、進歩発展すること、となるだろう。

近代資本主義

近代資本主義の本質についてこれまで出された諸家の見解を並べてみよう。

カール・ビューヒャー（『国民経済の成立』[19]）は、経済の発展段階として家内経済、都市経済、国民経済の三段階を設け、近代経済を国民経済段階に位置づけた。先行する二段階と異なるその特色は、商品生産、広域流通、自由契約による賃金労働、企業と家計との分離、可動的資本、工場工業、常設商業、社会関係の物化である。

ヴェルナー・ゾムバルト（『近世資本主義』[20]）では、近代資本主義は、生産手段所有者と無所有労働者とが市場において結合協同する、そして営利主義（貨幣増殖を目的とする）と経済的合理主義（経営の計画性・合目的性・計算性）とによって支配される一流通経済体制とされる。これらは、先行する自給自足経済と手工業経済とは異なる近代経済だけの特質である。

カール・マルクス（『資本論』）によれば、無産者は唯一所有する自分の労働力を市場で売り、商品を生産し、資本家はそこに生じる剰余価値によって資本を増殖する。両者は対立関係にあり、無産者階級が資本家階級のためにおこなうこの賃金制商品生産労働が近代資本主義の標識である。

マックス・ウェーバー（『経済と社会』）では、近代資本主義の合理的な面が強調され、合理的な利潤追求、精密な計算や評価にもとづく経営や投機、自由な労働の合理的組織、家政と経営の分離、合理的な簿記などが、その標識とされる。

以上の諸規定を綜合して、商品生産、広域流通、自由契約の労働市場、合理的で計測可能な経営・組織、といったところを近代資本主義の本質としてよいだろう。

近代資本主義は近代科学と同じく西欧社会のうちから生じている。それかあらぬか、以上あげた人びとのみならず、おおかたの経済学、社会学、歴史学の専門家はそれが世界史上西欧近代社会だけに限定される西欧独自の資本主義であるとしている。例えばウェーバーは、西欧近代以外に「近代資本主義への発展は見られず、発展の萌芽も存在しなかった」といっている。(21)

しかし、ローマ帝政期においてイタリアは世界の中心となり、大消費地、大市場であった。エジプト、シリア、小アジア、スペインからありとあらゆる生活物資が輸入され、イタリアからは工業製品が輸出された。鉄工業、青銅器工業、金銀細工工業、陶器工業、ガラス工業、織物工業、鉱山業などが、イタリアの諸地方、諸都市にひろく私的に営まれ、分業化・専業化だけでなく、都市や地方の特産化も明らかであった。これら諸工業では、数十人から数百人の奴隷の分業使役による大規模経営の例が少なくなく、ことに鉱山業では一時に数千人の奴隷を使用した例がある。

シナの漢代においては、司馬遷の『史記』に各地の特産品、巨富を築いた人びと、邯鄲、燕、洛陽、臨菑、睢陽といった工業都市が紹介され、同時に、商業資本（売買だけで利潤を得る）でなく、高利貸資本（金貸しによって利潤を得る）でもない、産業資本（生産によって利潤を得る）の具体例が多数あげられており、奴隷使役によるほか、自由契約の労働力によった例もあったことは想像に難くない。

日本の江戸時代を見れば、ここには江戸・京都・大阪をはじめとする全国諸都市の発達、五街道など幹線道路の整備拡充、通信制度（飛脚制度）の展開、大都市周辺の商品作物栽培がある。鉱山業、精錬業、製塩業、紡績業などの諸工業の発達があり、さらに諸問屋仲間の結成にみられる商業組織の整備もある。さらに、度量衡の統一、通貨の統一、全国統一市場の形成、預金・貸付・為替・手形発行などの銀行業務、卸売市場、投機市場（延売買）の形成、町人階級の台頭と富豪の輩出、土地の兼併、没落農民の大都市への流入、等々がみられる。

以上の古代ローマの経済、漢の経済、江戸時代の経済には、上述の近代産業資本主義に通じる諸要素が明らかに看取されるのであって、そこに萌芽すらなかったとはとてもいえないだろう。それに、日本にはいわゆる幕末マニュファクチャーなるものがあって、江戸時代は織物業中心に問屋制家内工業全盛の時代であり、これはマルクスのいう資本主義発展の過程における機械制大工業の前段階のマニュファクチャー（ひとつの工場内で相当数の雇用労働者が分業と協業の体制のもとで手工業的技術による生産をおこなう）を指しているのは明白であり、近代資本主義直前の段階に達していたと十分みなすことができる。

社会主義社会は資本主義社会と対等に拮抗する社会の扱いをうけてきたが、社会主義統制経済は理論的にも歴史の実際においても破綻し、資本主義自由経済に接近し吸収される方向にある。したがって、近代は社会主義にも資本主義にも対応する、というより、近代は専ら資本主義の自由経済体制を選びとるといってよいだろう。

近代官僚制

官僚制の本質をもっとも鮮やかに描き出したのはマックス・ウェーバーである。

ウェーバーは『経済と社会』のなかで、支配の類型としてカリスマ的支配、伝統的支配、合法的（合理的）支配の三種類をあげた。(22) カリスマ的支配が個人的資質への非日常的な帰依の念に基づき、また伝統的支配が伝統の神聖性への信仰に基づく家父長制的ないし身分制的な構造をもつのに対して、合法的支配は合理的規範による即物的な支配であって、官僚制的行政がその代表である。官僚制的行政においては、官吏は専門官吏であり、勤務は契約に基づき、客観的な官職義務に基づく職業労働である。「理想的な官吏は怒りも興奮もなく、愛も熱狂もなく、全くの義務観念の圧力のもとで、人物の如何を問うことなく、何人に対しても形式上平等にその職務を司る」。

ウェーバーによれば、この官僚制の純粋な形態はただ西欧近代だけにみられる。古代エジプトの官僚制は主君に従属する官吏によって家産制的に管理される政治構成体の職員制であり、シナの官僚制もまた家産官僚制である。ただシナにあっては、科挙制度によって官僚制的没主観性の徹底化がはかられ、全くの伝統的支配下の家産官僚制ではない。とはいえシナの政治や組織は身分的志向を失わず、試験で査定される教養なるものも専門的資格ではなかった。そのようにウェーバーは言う。日本の徳川時代をみると、その支配は幕府と藩の官僚制に支えられていたが、これまた西欧近代の即物的没主観的な性格のものでなく、伝統的支配のなかの家産制的性格の強いものといえるだろう。

官僚制はこのように古代から今日にいたるまでの諸文明に認められるが、科学と同じく、西欧近代の官僚制はなかでも合理性をつきつめた形態といえると思われる。

法制も同様である。近代以前の裁判は神聖な伝承や慣習にもとづくか、あるいは支配者の人格的な恣意的な意志にもとづいて行なわれていたが、近代の司法は非人格的で即物的で形式主義的な制定法に基づいておこなわれる。西欧近代国家が形成されると、中世末期まで受け継がれたローマ法がもっていた判例依存の経験的偶然性が剥奪され、純粋に抽象的な、あらゆる可能性を網羅した法体系が登場する。これほどに没主観的で形式的に完全な法体系は日本を含めて他の文明に現われたことはなく、その点法制の分野でも西欧近代の突出した合理性をみることができる。

都市

都市の本質とは何だろうか。文献には物質的側面の本質を扱うものはあっても、精神的側面の本質を扱う記述はなかなか見あたらない。

都市（都会）に対する概念は村落（田舎）である。都市は田舎の農村のなかにまず経済、交通、宗教、行政の要地として現われ、つづいて軍事、商業、産業、教育、情報などの中心地の性格を帯びるようになった。日本であれ、西洋であれ、中国であれ、どこも同じである。

ヨーロッパ中世都市は商工業者市民の参加する自治団体であったとされ、それが世界史のなかで他に例を見ない現象として称揚されることが多い。しかし、日本でも、室町時代末から京都、奈良、堺、博多など、町共同体を基礎とする自治的な市政機構が成立した自治都市の例があるので、細部でちがいはあるにしても、自治都市がヨーロッパ独自とはいえない。

一八世紀以降の近代では、都市が巨大化し、本来の性格が一層強まる。一七世紀末のイギリスの都市人口は全人口の二五パーセントだったのが一八世紀半ばには産業革命による工業化の結果五〇パーセントになったとされる。また日本でも、江戸の人口は一七世紀半ば（寛永年間）一五万だったのが、百年のちの一八世紀半ば（享保年間）には商工業に職を求める農村人口が大量に流入して百万以上に達したといわれる。第二次世界大戦後にはニューヨーク、メキシコ市、東京、上海、サンパウロ、カルカッタ、ボンベイ、ロスアンゼルスなど人口一千万を越す超巨大都市がぞくぞくと現われた。機関施設の集中、地域間移動、娯楽性、国際性がつよまり、住民相互のつながりが疎遠になり、核家族が増え、少子化が進む。

都市は文明のはじめから存在している。文明は都市とともにある。都市の精神的な本質を考えるに、「都市の空気は自由にする」という西洋の俚諺がある。何から自由にするかといえば、土地であり、人間は土地共同体から離れ、都市において自由へ解放されるということだろう。土地を覆う石畳やアスファルトはその象徴とみえる。都市において人間はそれぞれ独立の個体である。土地から自由になった身体は宙に浮いて、都市間を自由に移動する。市民はプライバシーをはじめもろもろの権利を主張する個人主義者であり、孤独な実存として神に単独で相対する。独身者が増え、子供を生まなくなる。都市を支配するのは知性鋭いインテリであり、かれらは体制に批判的であり、つねにプロテストするのを身上とする。都市は世界主義への窓口であり、個人主義、民主主義への通路であり、故郷喪失、世界不安への出発点である。これが都市に内在し、顕在化してくるその精神的本質だろう。

読み書き能力

以上の構成要素の点検から、近代が本質的に西欧文明だけのものでないことがわかるが、読み書き能力の点では特に日本文明がその有力な反証となる。

日本が近代化する前の江戸時代は平穏な世相がつづき、しだいに読み書きや算盤への需要が増え、教育への関心が高まって一九世紀半ばにはほとんどの藩に武士教育を担う藩校が設けられ、その数は三百にも達した。また町人用の私塾が各地にあり、さらに全国津々浦々に児童の教場である寺子屋があった。ロナルド・ドーア(23)は維新当時の日本の全男子の四〇ないし五〇パーセントとおそらく女子の一五パーセントがなんらかの形で正規の教育を受けていたのではないかと推定し、これほどの教育の普及は当時のイギリスやフランスにも見られなかったといっている。

個人主義、自由主義、民主主義

個人主義、自由主義、民主主義、それに平等主義を加えて、この四つの主義は一つのグループを作っている。解説書や百科事典をみると、それらはおおむね数珠つなぎになって出てくる。例えば簡単には「民主主義は個人のもつ自由と平等の基本的人権に立脚している」といった具合である。

それらのうち、個人主義と自由主義はペアの概念である。塊から飛び出した粒子が自由に動き回っている図を思い浮かべるとわかりやすい。また民主主義と平等主義もペアである。その粒子が同じ大きさで無限に広がっている様を思い浮かべるとよいだろう。

こうした主義思想は、西欧において一八世紀のいわゆる市民革命の時代に形成され、しだいに西欧のそとへ拡まり、二〇世紀のうちには世界中に普及して、今や世界のどこにも通用するあたりまえの常識のようになっている。

四つの主義のうち先頭に立つのは個人主義だろう。個人主義は個人と共同体・社会・国家との対立関係を前提にして、個人を上に置き、国家は個人の集合であり、個人の利益幸福を増進する手段だとする考え方である。そのはしりはホッブスやルソーの社会契約説にみられる。彼らは個々人が契約を結んで政治社会を作ったと考えた。

なぜ個人がそんなに偉いのかといえば、個々の人間存在には「個人の尊厳」という至高の価値があるからである。アメリカ独立宣言（一七七六年）には「人はすべて平等に造られており、造物主によって一定の不可譲の権利を賦与されている。その権利のなかには生命、自由、幸福の追求が含まれている」とあり、フランス人権宣言（一七八九年）には「人は自由であり、権利において平等である。各人は自然権として、自由であり、他人を害しないすべてのことをなしうる」とあり、また国連の世界人権宣言（一九四八年）にも「すべての人間は生まれながらにして自由であり、かつ、尊厳と権利とについて平等である」とある。これらの宣言のいずれでも、生まれながらにして具わる自由平等の人権とそれゆえの個人の尊厳が高らかに謳われている。

しかし、個人が共同体より上に位置し、個人が自由平等で尊厳があるというのは、いつでもどこでも通用する考え方とはいえない。個人は地上の多くの地域ではもと共同体の単なる構成員にすぎなかったからである。共同体が個人個人に分かれる前のかたい塊だった時代には、原始社会でも古代文明社会でも、王一人の自由意志が共同体の意志であり、王一人が共同体の命運を握り、構成員は共同体の細胞ないし手足にすぎなかった。金将銀将飛車角は手足にすぎず、王将一人をつかまえてしまえば一局は終りという将棋となんら変わるところがない。尊厳はピラミッドの頂点に集中し、下るにつれて薄れ、底辺にはない。その塊が破砕され平面になってはじめて、「天は人の上に人を造らず、人の下に人を造らず」という事態になる。

個人主義はスティーヴン・ルークス（『個人主義』）[24]によれば、溯れば「宗教改革、ルネサンス、啓蒙主義、フランス革命、産業革命、資本主義、民主主義などいろいろなところに源がある」という。しかし、われわれの印象では西欧人は他の民族に比べて自己主張が一等強く、本来遺伝子にかかる要素が組み込まれているのではないか、太古の昔から個人主義は西欧人に潜有の素質ではないかという印象が強い。

カール・マルクスは『資本主義的生産に先行する諸形態』[25]のなかで、古い時代の土地所有の三形態を論じて、アジア的形態では共同体的所有だけがあり、ギリシャ・ローマ的形態では共同体的所有と私的所有が混在するが、ゲルマン的形態では私的所有が本来であって、共同体的所有はもともと個人の世襲住居と個人の土地所有に対する共通の付属物の意味しかもたない。共同体は実体でも一般者でもなく、言語や血統など個人的所有者の前提にすぎない、と言っている。

また、そのことは西欧中世の封建制社会における主従関係のあり方においても確かめられる。日本の封建制では主従関係は家臣の忠義奉公に対して主君が知行をもって応えるという一応の双務契約であるが、人格的な相互信頼という心情に依存する面が強く、「親子一世、夫婦二世、主従三世」といわれたほどである。とくに家臣からのひたむきな主家主君への献身が強調されて、二君にまみえることは道義に悖るものとされた。それに比べ、西欧の主従関係には法的な権利義務の性格が濃厚であって、ご恩も奉公も物量的な相対給付の関係にあるという契約性が強い。人格的要素が弱ければ二君に仕えるのも自然であり、すでに九世紀に契約の多重化による複数君主制が現われて、しだいに一般化し、やがて一君に仕えるのが例外とみなされるようになっ

た。(26)

このように個人思想が遺伝子に組み込まれていたからこその近代での破開であり、社会契約説だったのではないかと思われる。ほかの文明では個人・自由・平等・民主の思想はあっても、それほど鮮烈ではない。中国春秋戦国時代の諸子百家のひとつである墨家は、家族の絆よりも個人の自由を尊び、血族愛を退けて人類愛を唱え、身分制度を廃止して出自にこだわらない有能な人材を登用することを主張した。当時は農業生産力の上昇、手工業の発展、商易活動の隆盛がみられ、それが漢代の都市経済の繁栄へ連なっていくのだが、そうした社会的背景があっての諸子百家の知性であり、墨子の個人・自由・平等の思想だったのだろう。それでもホッブスやルソーの社会契約説のごとき鋭利なものでなく、戦国時代に勢力をもったものの、漢代以後の政治と社会を左右するだけの力にはならなかった。

日本にはホッブスやルソーはもとより、墨家のごとき合理的思想の展開もみられない。しかし、歴史の全体の流れにはその方向が明らかに看取できる。室町時代と戦国時代に農業生産力の上昇や手工業の発展があり、商業活動も活発になって、江戸時代の繁栄を迎えるのだが、寺子屋や藩校など教育の普及、農学・経世論・儒学・国学・歴史学・数学などにみられる科学的理論性や実証性、あるいは絵画や演劇など現世主義的な都市文化、農民の一揆や打ち壊し、「ええじゃないか」といった民衆の運動などから、合理的に世界や人間をみる態度は育っていたとみられる。個人主義・自由主義・民主主義は雰囲気として醸成されていた。第1章でみた江戸時代において世俗的登山が盛行したこともその一環といえるだろう。しかし、もとより「和を以て貴しとなす」国柄であり、出る釘は打たれる社会である。氏名で氏が先行し、人を氏で呼ぶ社会である。ここでは個人主義が西欧のように徹底することはない。

一つの運動

以上近代を構成する諸要素を概観したが、全体を見渡すと、それらに普遍性、客観性、無限性、物性、粒子性、数量性という共通点があることがわかる。

いつでもどこでもだれにでも妥当するという普遍性と客観性はなかんずく近代の官僚制や法制の特徴であり、中心や絶対がなく均一の空間がどこまでもつづくという無限性は、資本主義、民主主義、マスコミ、広域交通などにみられる。物性はひろく価値観や倫理観が失われていることであり、社会関係の物化であり、官僚制や法制をはじめ組織や制度にゆきわたる即物的事務処理が代表例である。粒子性とは一定の塊が粉砕されて細かい同じ大きさの微粒子になるという、これはなにより個人主義や平等主義や都市民に認められるところである。また、数量性はこの粒子が無限であることと関連して、大衆民主主義、大衆教育、大量生産消費経済、マスコミなどが好例となる。

これら普遍性、客観性、無限性、物性、粒子性、数量性はしかし、いうまでもなく近代自然科学に集中的に認められるその本質と見られる特徴であって、その点、近代というのは科学的世界に限りなく接近していく性質をもつ社会とみることができる。ゾムバルトは、近代資本主義はヨーロッパ精神の深奥に発している、という。無限に向かって、あらゆる障害を破砕克服しつつ、突進し、自己を貫徹し、世界を征服支配しようとする名状しがたい衝動が、ヨーロッパ精神の根底にある。ファウスト的精神というべきこの無限追求の精神が、近代のあらゆる文化領域で新しい創造へひとを駆り立てたものであり、支配権をめざす企業や利潤を無限に追求する営利経済を生んだものである。

またシュペングラー（『西洋の没落』）も、あらゆる障害を破砕しつつ限界のない抽象的空間へ向かうファウスト的な感情をもって西欧の原感情として、科学技術、資本主義、植民地経営などによる西欧近代の世界制覇を説明した。

二人のいうこの西欧のファウスト的原感情は、マックス・ウェーバーの言葉でいえば合理的精神である。ウェーバーは近代社会の特徴として、科学技術の支配、産業資本主義、官僚制的な支配と統合、客観的な法規範をあげ、そのいずれにも合理性が貫徹していることを強調した。すなわち数学や実験によって精密に基礎づけられた自然諸科学とその応用技術。合理的経営組織と合理的労働組織をもち、資本・生産・労働・市場・金融その他諸因子の計算可能性に条件づけられた近代資本主義。即物的な官職義務に基づく職業労働であり、形式主義的に合理的規則にしたがう近代官僚制。人によらず物に即した普遍法として、内容上神聖性を全くもたない形式的技術的装置である近代法、などである。

このウェーバーのいう合理的精神は、ゾムバルトやシュペングラーのいうあらゆる障害を破砕して無限に向かうファウスト的精神の内容とみられるものであって、世界を物化する精神と言い換えることができるだろう。ウェーバーはそれを「魔術の園」の消滅とも言い換えている。「魔術の園」とは、「アジアのどの民族的宗教的意識にとっても現世は広大な魔術の園であって、精霊の崇拝や折伏、儀礼的、偶像崇拝的、秘蹟的な救済が行なわれた」(27)という言葉で示されるような、彼においてはもっぱらおどろおどろしい未開の呪術的な世界を指しているが、晴朗な生命の世界あるいは神々の世界ととらえかえすこともできる。

世界が科学的合理的思考によって無機質の物体に変わり、同じ大きさの自由に動き回る無数の粒子に粉砕され、それが無限につづくとは、そのまま個人主義、自由主義であり、民主主義、平等主義である。大量生産、自由労働、流通市場、可動資本の資本主義経済であり、即物的官僚制であり、議会制度であり、地球上に張りめぐらされた交通網電信網、マスコミである。それらは相呼応し、相依存し、融合している。本来近代世界がそのようなものであるとすれば、その発生において何が先であったかを問うのはあまり意味がない。周知のように、マックス・ウェーバー(『プロテスタンティズムの倫理と資本主義の精神』)によれば近代資本主義は西欧一七、一八世紀のプロテスタントによって推進され、ロバート・マートン(『社会理論と社会構造』[28])によれば自然科学や実務的学校教育も同時代のやはりプロテスタントによって推進された。そのプロテスタントとはもともと都市に住む個人主義者であり、現世的関心が強い経験主義者であった。一七、一八世紀は自然科学、資本主義の興隆期であると同時に、近代国家の形成期でもあり、それらの発展とともに官僚制が使用人的家産的性格を脱して行政専門家集団による近代官僚制に発展し、政治、司法、経済、軍隊、教育、教会など社会全体にひろがっていった。

このように諸要素は呼応連動している。そのなかの力関係をいえば、科学技術の発展が中心的な役割を演じ、そのほかを牽引してきたということは疑えないだろう。それを逆にして、資本主義や官僚制や都市や識字率や民主主義の展開がまずあって、それに付随して科学技術が発展してきたとはなかなかいえまい。近代は近代科学を中にして資本主義、官僚制、都市、教育、民主主義、個人主義、自由主義など互いに波長の合う仲間を乗せて進んでいく一つの運動体である。波長の合わない主義や体制は振り落とされる。社会主義、共産主義、統制経済、独裁制、集団制を採った国々が近代化に遅れをとり、崩壊していくのは自然といえるだろう。

近代の本質

以上、近代を近代自然科学、近代資本主義、近代官僚制、都市、識字率、民主主義、個人主義、自由主義という構成諸要素に分解し、それぞれの本性を調べ、共通の性質として普遍性、客観性、無限性、物性、粒子性、数量性を抽出した。それは合理性ないし世俗性とも言い換えることができるから、それをも共通性質に加え、それらをもって近代の本質とみなすことができる。また、構成要素のうち近代自然科学がこの本質をもっともよく現わしていることもみた。さらに、諸文明間の相違を、西欧、日本、ギリシャ・ローマ、中国の例にみたが、諸要素によって凹凸はあるものの、西欧文明がほとんどあらゆる要素でずば抜けて近代性が強いことが確認できた。近代は西欧文明においてなるべくしてなったといえる。しかし他の文明に発達がみられることからも知れるように、理性、知性なるもの、またそれを中核とする近代性なるものが、芸術や思想とちがって、本来人類が共有し、どの文化文明にも中立の普遍的な共通域であることはあらためて確認しておかなくてはならない。

伝統的社会と近代社会

近代の本質が以上のようなものであるとして、近代は従来の時代社会とどのようにちがうものなのか。

私たちの生活世界は、草木が光り輝き、風が吹き渡る自然のなかで、私たち人間が一定の死生観、価値観、目的意識をもって日々仕事に励む世界である。その世界の中心にはイマ、ココ、私があり、この花、あの山がある。世界は生命に満ち、すべてはそれだけの独自特殊の絶対性と唯一性をもっている。私も君も彼も、人も物も、時とともに移ろい、二度と繰り返されない不可逆の時間的存在、不如意の運命的存在であり、それゆえの嘆きと喜び、怒りと興奮に満ちている。それは非合理の世界である。

近代科学の開示する世界はこの生活世界とは正反対の性質をもっている。存在するものは生命なき物質として微粒子（分子、原子）に分解還元される。時間性を剥ぎとられて外延的空間に固定され、数量と数学的方程式の形で表現される。イマとココは巨大な世界の中心であることをやめて、無数にある時点、地点の連なりのなかの一点となる。私もまた世界を突き動かす存在の核であることをやめて、無数にある同じ大きさの無力な人間微粒子の一つになる。すべては普遍化され、均一にされ、運命から解放され、予測可能であり、交換可能であり、反復可能である。価値も倫理も目的もなく、喜怒哀楽を知らず、色も香もなく、移りゆくことのない空間のひろがりだけがある。それは合理的な世界である。

生活世界は真実であり、近代科学の世界は真理である。これまでの伝統社会は地上のどこでも、それぞれに特殊な真実世界に直接根ざして一定の価値観と目的とをもって形成され、特殊性、有限性、精神性、生命性、絶対性をもつ宗教、芸術、思想を生み出してきた。近代社会はそれとちがって、普遍性、客観性、無限性、物性、粒子性、数量性をもつ合理的な科学的真理の世界に似せて自らをつくり変え、科学的真理をもって世界を眺め、科学的真理とその応用である技術によって世界を制圧利用しようとする。科学的真理はいつでもどこでも同一不変だから、近代では世界のいたるところ普遍性、客観性、無限性、物性、粒子性、数量性を共有するあい似た相貌の社会が生じる。しかし人間社会は仮象である真理だけでは存立できず、生活世界とそれに直結する伝統文化という真実の土台なしには立ちゆかない。昔の人の生活が一重であったのに対して、近代人の生活は二重の構造とならざるをえない。

文明の同心円

伝統的社会と近代社会の性格のちがいが以上のようなものであるとして、この二つは歴史的にどのように関連しているのだろうか。

文明は信仰の時代から理性の時代へ移行していくとは文明論の説くところである。文明は未開の宗教時代を脱するにつれて、次第に絵画、彫刻、音楽、建築、文学などの個性的な芸術を開花させ、やがて知性を増大しつつ独自の思想を展開し、また科学技術を発達させていく。中国、日本、西欧を含め大型の文明はいずれもそのような経過をたどっている。それら文化所産のうち、諸芸術は特定の文明の風土に固着して動けないが、科学技術というものは、むかし中国人の発明した火薬、印刷術、羅針盤などが世界に普及していったように、どの文明にもゆきわたり、利用できる性質をもっている。

この文明史は、中心に初期の宗教時代があり、そこから放射線状に各文明の精神の髄が伸びて、そこに発達していく諸芸術や文学や思想を含んで鮮明な境界線で他の文明と隔てられた固定した層をなし、ついで法律政治経済社会の諸制度がその外側の層を作り、さらに一番外に、次第に発達してきた科学学問やその所産である道具類が、文明固有の精神髄から遊離して、境界なく累積した形で流動しながら円の全周をぐるぐるめぐっている、という同心円の形でとらえることができると思われる。これは前章で述べた共時的な同心円に通じる通時的な同心円である。いまの問題でいえば、伝統社会はこの円の中間層に位置し、近代社会は外周に位置することになる。

そのように考えると、いわゆる近代化が成功する、しないの問題を解くのも容易である。日本の場合、西欧の近代に出会ったのが文明が十分に開花成熟して近代化をはじめていた時期だったから、近代化すべくして近代化したといえるのだが、もしそれが縄文弥生時代だったとしたら近代化は全くおぼつかなかったろうし、鎌倉室町時代でも困難であったとみてさしつかえないだろう。そのことを地表全体に及ぼして考えれば、近代は本来どの社会にもひとしく開かれている世界であるにもかかわらず、接合がうまくいかない社会が多いということの説明になる。もっとも、文明の歴史的な推移だけで片づく問題ではなく、そのほかに文明体の老衰といった活力の要因もあわせて考えなくてはならない。

そう見れば、日本の近代化の成功の原因としてよくいわれる「手先が器用である」、「模倣がうまい」、「勤勉である」などはあたっていないか、かりにあたっているところがあるとしても、二の次、三の次になるだろう。また、日本は千年以上も昔から文化の輸入国であって、外来要素の消化に手慣れていたからだという言いふるされてきた理由も、どの文明文化も千年以上も昔から外来文化を輸入消化しつづけていたのだから、これも通らぬ話である。

D・C・マクレランド（『近代化への推進力』[29]）は近代化成功の鍵を個人の心理（メンタル・ヴィールス）に求めて、それを「成就の欲求」（より能率的に、より早く、よりすくない労力で、よりよい結果を得ようとする欲求）の心理だとして、インドでの実験の報告をしているが、欲求、やる気ばかりで、歴史的背景や社会的基盤がなければ、近代化がおいそれと実現するとは思えない。

中山伊知郎（『日本の工業化』[30]）は工業化の一般的条件として、資本の蓄積、量的質的な労働力の供給、指導者の役割の三つをあげ、日本の場合、伝統社会がこの条件を十分に満たしていたことが、日本を急速な近代化に導いたと言っている。

開発途上国の日本留学生は日本の近代化成功の鍵をせっかちに知ろうとするものだが、その答を一言でいうなら、人間の性格にあるのでなく、また個人の心理にあるのでなく、さりとて明治初期の政策だけにあるのでもなく、日本歴史の展開にあるということになる。

人類史に占める近代の位置についていえば、上述のように従来の文明とは種類を異にするところから、またその力が世界を席巻圧倒するところから、また従来の文明種が今後現われる可能性が少ないところから、カーンやボウルディングやライシャワーもいうように、従来の文明社会の時代が終わって代わりに出てきた社会とみるのが妥当だろう。「ポストモダン」を唱える人々は、近代はじきに終るとでもいうかのように現代を後期近代として位置づけ、近代の全体的統一的解釈を拒んで、道徳の欠如、相対主義、虚無主義などマイナスの現象を好んで扱う傾向があるが、私たちの観測では近代は今後どれほど長くつづくか見当もつかない巨大な時代であり、今はその始まりにすぎず、また、近代を大づかみにとらえることは可能であり、それに対して積極的な意味を見る姿勢をもつことが大切だと思う。

有機文明と無機文明

科学技術は無機であり、西欧、日本、インドなどの文明は有機である。科学技術は普遍であり、西欧、日本、インドなどの文明は特殊である。科学技術の近代をも文明と呼ぶなら、それは無機文明として有機文明から独立している。この認識は、日本人を含め世界の諸民族の抱きつづけた西欧への負い目を払拭してくれるはずである。近代科学技術は西欧文明に出発点で多くを負うにしても、本質はあらゆる文明に共通し、あらゆる人間の共有物である。2＋2＝4があらゆる人間の共有物であるのと同じである。音楽や様式建築や絵画は各地に一か所だけ本場があるが、科学技術に本場はない。あるいはどこでもが本場である。われわれは郵便、電信電話、自動車、飛行機、テレビ、銃砲などについて格別の思いや優劣の感情を特定の文明に対して抱く必要はない。2＋2＝4を学習したからと言って、模倣したことにはならない。

これまでは科学技術文明と西欧文明をひとつと見ていたために、西欧は普遍文明の権威をもって真近にわれわれを威圧していたのが、その二つを切り離し、科学技術文明を近代として独立させることで、西欧文明はインド文明、中国文明と同じ本来の一特殊文明の姿にもどって、眼前から遠く後退していくはずである。これまで扱った「日本アルプス」も、近代洋風建築も、英文学科も、結局は卒業すべき西欧文明普遍主義にほかならない。

和魂近代才でいこう

以上のように私たちは近代をとらえ、西欧文明をとらえていったらどうか。

明治以後の日本が経験したのは文明と文明との衝突ではなく、実は文明と近代との衝突であった。日本文明と西欧文明との衝突でなく、日本文明と中立の無機文明との衝突であった。文明同士の衝突とみれば、日本は、漱石の言うように、西欧文明に押されてどこまでも涙をのんで上滑りに滑っていかざるをえないが、日本と近代との衝突と見れば、日本は足元を確かにして着実に歩んでいくことができる。そうは簡単にいかない、万年筆、洋服、靴、洋食、野球、サッカー、電灯、電話、テレビ、電車、自動車、飛行機、工場、銀行、暦、議会、教育制度、これらはみんな西欧文明由来ではないか、それらが私たちの生活の根底に深く食いこんでいて、どうすることもできないではないか、という疑問があるだろうが、それら諸要素を中村光夫や福田恆存のいうような西欧精神文化から切り離して、単なる道具として、同心円の外周あるいは外周近辺の可動域に位置づけることで、疑問は解消していくと思う。

明治日本のモットーであった「和魂洋才」は、その「洋」を西洋でなく科学技術ないし近代だけの意味に限定するなら、いぜん有効であり、積極的な意味を失っていないだろう。西洋の魂と西洋の才能、「洋魂洋才」でないとだめだというのは、近代を西欧文明と勘違いしているからであって、それに、そもそもわれわれ日本人が和魂を洋魂にとりかえるなどといった器用なまねはできようはずもない。

荷風の悩みをやわらげるのに、西欧文明の精髄にある思想、文学、諸芸術が日本に定着するにはまだまだ時間がかかると言うひともいようが、以上のような形へ発想を転換するなら、別に西欧の文化要素を考える必要はなく、近代の要求するスタイルの文学、思想、諸芸術だけが問題であって、それがどんなものになるか、あるいは民族性の濃厚な場合が考えられるが、どのような形になるのであれ、「新帰朝者」の「将来の国民音楽を起こそうとする過渡時代の犠牲になろうとする」志もそのときは報われるはずである。

真の近代化を達成するためには西洋の歴史と文化を根源まで溯って究め、西洋文明を内面からわがものにしなくてはならない、という大戦時の「知的協力会議」の人たちを含め私たちが長いあいだ掲げてきた大きな目標もいまは消滅し、そのために努力する必要はなくなる。西洋と日本という二つの価値の間に振子運動を繰り返し悩み抜いた近代日本の精神史もまた、ここに結着を迎えることになる。

デカダン、実存主義、ダダイズム、アプレゲール、前衛、アールデコ、アールヌーヴォ、印象派、キュービズム、シュールレアリズム、弁証法、考える人、バウハウス、表現主義、青鞜派、未来主義、世紀末、不条理、ユング、ゲルニカ、サルトル、ロダン、リルケ、カミュ、現象学、歴史主義、バッハ、ワーグナー、マラルメ、ピカソ、プルースト、ジイド、シャガール、カフカ、フロイト、ヴィトゲンシュタイン、構造主義、解釈学……そうした西欧のさまざまな意匠の主義や理論や派や作家、哲学者、作品らは、私たちの感覚をくすぐりながらつぎつぎに現われては消えていった。もともと私たちの土地に生えたものでも、私たちの歴史から出たものでもないから、一時の知的興奮、知的刺激にはなっても血肉になってはくれず、今後私たちのほんとうの問題になるかどうか、それはそれらが西欧文明から切り離した純粋の近代にかなった性格をもつかどうか一つにかかっているといえるだろう。

西洋を卒業したという意識の裏には、結局はそれに追いつけないという劣等感がある、と言う人がいるが、それは西洋文化を指す場合には言えても、近代を指す場合には、どの文明にも所属しない無色中性物を習得してひけめや劣等感を抱くいわれはどこにもなく、そこにはただ優越感も劣等感もない平静で主体的な思考と行動しかない。

ある海外企業リーダーの悩み

山折哲雄は『日本近代の亀裂』(31)という文章のなかで、ある経済人の集まりで話をしたときに受けた質問のことを記している。

質問したのはある企業のリーダーで、そのひとの会社は海外で事業を行ない、従業員の半数が外国人で、日夜、欧米社会で事業を展開するのに悪戦苦闘している。確かに日本は戦後経済大国になったが、欧米人は経済的な実力を蓄えた日本を十分認めていても、腹の底では尊敬していない。明治以降百年のあいだ、日本の政治、経済、法律、諸制度のすべては欧米社会の模倣であり、学習だった。そういう固い信念をアングロサクソンの連中はもっている。だからいかに日本が経済大国になろうと尊敬する気がなく、むしろ軽蔑の念すらもっている。日本が経済的な実力を蓄えれば蓄えるほど、その軽蔑の念はより強まっていくのではないか。そのことを日常の経済活動のなかでひしひしと感じつづけている。そうなれば、われわれとしては、西洋人となって彼らと対抗するしかないのではないかと考えている。

この質問はいささかショックで、氏は言葉につまったが、しばらく考えてから、こう答えたという。芸術の領域では例外かもしれない。政治、経済、法律、諸制度などでは確かにアングロサクソンのやり方をわれわれはそのまま受容してきた。彼らの模倣であり、そのままの学習だった。しかし日本の伝統的な芸術については、この分野のものだけについては、彼らといえども軽蔑できないはずだ、と。すると、その経済人はふかく頷いて賛成してくれた、という。

私にはこの答は正解と思えない。アングロサクソンの連中が立籠もる城の本丸を攻め落とさないでは、彼らの上に出ることはできない。本丸とは科学技術や経済である。科学技術や経済は万人に平等に開かれた中立無国籍の領域である。芸術や文学とちがって、どの文化文明にも根ざすことのない、積み重ね可能な数量的合理の世界である。それを自分のものにすることは真似とか模倣ではなく、万人共有の世界へ参入することである。西洋人はそれを自分らの専有物と考え、非西洋人がそれに携わることをもって真似だと思い、自分らの大切な財産を盗まれたと錯覚している。

アングロサクソンの従業員の横柄な態度というのは、この錯誤からくる。それにアングロサクソンとその親戚は尊大不遜な部族として世界に通っている。人種差別の教育も幼時から受けている。軽蔑すべき有色人種のごときが自分らの土地に入りこんできて工場や銀行を建て、われらを使役するとは何事か、と腹を立てている。ことに日本人に対しては、何世紀にもわたる世界支配を覆されたことへの社会の恨みがある。それはしかし当面どうしようもないことだから、その辺は勘弁してやって、肝心のところだけ押さえて、日本人は西欧人、インド人、アフリカ人などとどこにも根をもたない対等平等の領域で競り合い、世界をリードしているのだ、という高い見地から自信と誇りをもって臨めば、苦境を乗り越えることができるのではないか、それしか根本の解決法はない、と思う。

近代の超克

近代の見方には、これまで見てきたように、西欧文明と同体とする見方、西欧文明と一応別ながら分離しがたいとする見方、両者を別物とする見方、の三つがある。日本において近代批判はしばしばなされてきたが、近代の超克、近代の疑惑、反近代など、いずれもはじめの二つの見方に基づいていた。その場合、近代が日本文化とうまく噛み合わず、悪戦苦闘が強いられることになるのは当然であった。これに対して第三の見方からすると、その種の苦しみ悩みは消滅する。そのときは、苦悩や超克は西欧文明と関わりのない、近代に内在する人類全体にとってのマイナスに向けられるだけである。物質面での大量破壊兵器や環境汚染、精神面での生活世界の寄木細工性、変化と流動性、安住の地の喪失、あるいはまた諸民族諸国家間の対立紛争の激化、これらが近代のマイナスである。このように近代は多くの難題を抱えている。しかし、ここではこの問題に立ち入ることはしない。私の唱える近代の超克は西欧近代の超克であり、近代の正しい認識に達することで終りとしたい。

脱欧入近代

簡単に「錯誤でした」で済ますにはあまりに長い年月である。しかし改めるに憚かってはなるまい。それに、近代は西欧文明、西洋文化とは別物だ、とただそう思うだけで気が晴れ晴れとするではないか。天地が開けるではないか。

いまから千百年も昔日本は菅原道真の建議によって遣唐使を廃止した。それにならっていま西欧との交流を断つ、というのは無論できない相談だが、西欧文明の少なくとも芸術、思想、文学に対しては、それにのめりこむのでなく、距離をもってよそごとのように眺める姿勢をもつことによって、むかし遣唐使が廃止されたあとやがて国風文化が興ったように、現代においても新たなものの創造が期待できるのではないか。日本伝統の思考や造形の型は数多い世界の伝統文化のなかで、近代的な思考や造形の型から最も遠くに位置しているから、それは容易なことではあるまいが、それでも、相手にするのが西欧と近代との二本でなく、近代一本なのだから、近代と日本伝統文化との関わりだけが問題となって、思考は単純になり、行動も容易になる。西欧と近代とは絡み合っていて切り離しにくいという人はいても、痛みを伴うところはあるにしても、思い切ってやれば切断できるのではないか。そうすれば、われわれは永久に押しに押され、上滑りに滑っていくのはやめて、長年の束縛と重圧から解放された独立独歩の軽やかで確かな歩みを諸民族とともに新しい時代の中へ進めることができる。近代が西欧文明と別物であることは、今日いよいよ明らかになりつつある。それとともに世界の人々の日本に寄せる期待もますます大きくなりつつある。脱欧入近代である。私たちは精神の持ち様を変えて、新たな覚悟をもって純粋近代の二一世紀に臨みたいものである。

第5章　日本再見

西欧を脱して近代に入ると、それぞれの社会の伝統文化が近代に直接接することになり、日本でいえば、江戸時代以前の日本の社会や文化が近代にじかに接することになる。これまでは近代に入るために西洋文化の習得は必須とされてきたのが、いまは江戸時代以前の社会や文化の知識がなにより要求される。江戸時代以前がすでに近代を用意していたのなら、なおさらである。

しかし、日本の社会と文化に対する評価は決して高いものではない。外国でも国内でもである。日本は現在技術先進国であり、世界で一、二をきそう経済大国であるにもかかわらず、世界における総体的な評価は二流文化である。日本人自らそう思っている。なぜそうなっているのか。是の判断か非の判断か。世界での認識評価と日本国内での認識評価とを以下まず紹介してみよう。

真似上手の国

　ヨーロッパに滞在すると、ヨーロッパ人が日本についてほとんど何も知らないということがよくわかる。歴史も知らないし、地理も知らない。知っているのは地震が多いということや、カメラやパソコンや自動車などを生産する国ということぐらいである。彼らが学校で習う世界史の教科書をみれば、日本が歴史に登場するのは日清日露戦争以後のことであるし、世界地理の教科書をみれば、日本は人口が多い、模倣が上手である、ヨーロッパ経済を脅かす、地震が多い、そんなことが簡単に述べられているだけだから、それも無理のない話である。彼らはそうした貧弱な、消極的評価をともなった知識を少年時の頭脳に刻印されたまま一生のあいだ持ち歩いている。

　広い裾野がそうだから、上のインテリ層の知識も貧弱であり、偏っている。彼らが書いた文章には、日本が借用ばかり重ねてきた文明であるかのような記述が多い。文字、制度、宗教、衣食住、生活習慣などほとんどが大陸由来だ、近代化の成功もこの借用の伝統による、という。だから彼らは日本を大きな文明に数えるようなことはしない。悪いことに日本人自身そのことを認めている。日本人はみずから進んで自国の文字、宗教、制度、風俗などは大陸由来だといい、弓矢とか相撲など独立発生の可能性のあるものまで他国由来だという。これほど確かな保証はない。そこで、日本人は真似上手の国民だ、というのが世界中の通り相場になっている。

西欧人の抱いている日本文化の像を一言でいうなら、この借用である。世界の諸文明を一番よく知っているはずの文明論者が言っているところを紹介してみよう。

オスヴァルト・シュペングラー（『西欧の没落』[1]）は日本を月光文明と呼んだ。月光文明とは他文明の成果を取り入れ独立の形で放射する文明のことで、インドに依存したジャワ、バビロンに依存したカルタゴと並んで、中国に依存した日本をあげている。「日本は昔中国文明に属していたが、今日はその上に西洋文明に属している。言葉の厳密な意味での日本文化なるものは存在しない」。

シュペングラーの著述は二〇世紀はじめだから、誤りは無理もないかもしれないが、二〇世紀後半のラシュトン・クールボン（『文明社会の興亡の構造と過程』[2]）の記述にも一向に進歩のあとが見えない。「日本も中国同様に漢を再興して帝国を作ったが、地方的な帝国にすぎない。そのさい日本の指導者や官吏層は儒教的な価値に影響されたが、儒教の理解は難しかったようだ。儒教には彼らの野蛮な文化と矛盾する命題がいくつもある」。そういう彼があげる一三ないし一四の文明のなかに日本が入っていないのは無論である。

それに比べると、フィリプ・バグビー（『文化と歴史』(3)）は多少紳士的である。日本は「中国から書法や多くの芸術様式や仏教の中国的形態を借用してきたのだから、あきらかに中国文明の周辺文明である。前世紀にはまた、西欧からの広汎な借用も行われた」。「ただし日本は独自に封建制度を経験し、のちには商人階級の勃興という発展もしているから、独立の文明とみなすこともできる」。そう言って彼は日本を、ヒッタイト、フェニキア、セイロン、ビルマ、エチオピア、ロシアなどと同じ周辺文明に数えた。

A・L・クローバー（『文化の成長の形態』(4)）は日本文化を西欧、ギリシャ・ローマ、中国の文化と比肩させ、奈良時代の彫刻はその師匠を追い越して世界一流の水準に達しているという。絵画も中国と優劣つけがたく、室町時代の禅画にしても、二世紀も前の中国様式の導入だから、日本の主体性は明らかだとしている。「中国のサル真似であることはほとんどなく、質的にもとのものを凌いでいることが多い」。すると彼は最終的に積極的な評価なのかというと、「日本は導入しない時期にはさきに導入したものの加工をしていた」といい、あげくは「日本は依存と独立の奇妙な混合の文化だ」と結論づけている。そうした結論になるのも、結局借用というものの理解が不足しているためとみられる。

アーノルド・トインビーが『歴史の研究』その他でみせる日本に関する知識は政治史にかたよっていて、ロシア史との類比が多い。

「日本は六、七世紀にロシアと同じく未開野蛮な状態だったところに、隋唐の諸制度を導入して文明を発足させた。これはアナトリア高原からロシアの処女地へ移植された正教キリスト教文明の分枝の成長に比較できる。奈良と京都はロシアのキエフに似ており、他方鎌倉と江戸・東京はそれぞれロシアのウラジミールとモスクワに似ている。奈良と京都の地に早く咲いた極東文明の最初の洗練された花は、不利な環境のなかでむりやり咲くことになった温室の異国の花の感じだ。それほど極端でないにせよ、ロシアのキエフに咲いた正教キリスト教文明の最初の花の特徴も同じである」(5)。

トインビーはそういうが、日本の場合何世紀にも及ぶ長い古墳時代があってのちに、隋唐文化を導入する六、七世紀があるのに対して、ロシアの場合は全く未開野蛮で何もないところに、スカンジナビアから異族のゲルマン人がやって来て国を建てた、という違いがある。また、トインビーは、ロシア文明は一〇世紀に発生し、一一世紀に動乱時代に入ったが、日本文明は六、七世紀に発生し、一二世紀後半に動乱時代に入ったという。発生から動乱時代までの彼のいう「成長期」は、するとロシアは百年、日本は五、六百年ということになる。これでどうして似ていることになるのだろうか。それにわれわれの知る限り、ロシアには文学の長い伝統もないし、独自の絵画、音楽、舞踊、演劇、建築、庭園など、日本に比べることのできるような芸術の伝統もない。日本とロシアを並べて比べようという発想自体がそもそも間違っているのではないか。さらに、トインビーは、日本が儒教、仏教、漢字など中国を経由して輸入した文化資本に寄食しつづけたとして、日本を独立文明に数えず、エチオピアやセイロンやアメリカの土着文化やエスキモーなどと同列の衛星文明にした。

サミュエル・ハンティントンの『文明の衝突』(6)は、以上の諸論が二〇世紀の半ばに出されたのに対して、二〇世紀の末に書かれたということもあり、またヨーロッパ人でなくアメリカ人ということもあろうが、日本を格段に高く評価している。ハンティントンは政治学者であり、国際戦略論が専門だから、以上の歴史学者とは視角を異にするが、「文明」を最も広範囲の文化的なまとまり、ないし、文化的アイデンティティの最も広いレベルと考える点では同じである。そして現代の主要文明のひとつに日本を数え、儒教的要素の強い中国文明圏からはずしている。また文化借用について、千年以上の歴史をもつ文明は自分自身が生存しつづけるような形で他の文明から事物を借用してきた。中国はインドから仏教を吸収したが、インド化しなかった。アラブ人はギリシャ文化から技術を導入したが、ギリシャの思想体系のすべてを無視した。日本も同じで、中国の文化を輸入し、それを自発的に変容して、高度に文明化し、本来の特徴を維持しつづけた、といっている。

アメリカ日本史学者の評価

ハンティントンの高い評価の背景には、前章でふれたアメリカの一群の日本史学者の研究成果があったとみられる。ジョン・ホール、エドウィン・ライシャワー、ロナルド・ドア、マリウス・ジャンセンなどは、戦後の日本人学者による消極的な日本史解釈につよく反対して、日本人が日本史各時代を主体的に創造的しつづけてきたことを強調し、とくに日本近代については後進性のみあげつらうマルクス主義史学を退け、その前進性を高く評価した。

ホール（『日本の歴史』(7)）はいう。「日本は外国にただ圧倒されただけだという通常の見方は七世紀にも一九世紀にもあてはまらない」、「日本は七世紀にシナ文明の多くの要素を導入したが、ほとんどあらゆる分野でそれに独自の色あいをあたえつつ、彼ら自身の文化様式を保ちつづけた」、「日本近代も、西欧や北米の様式を模倣しようという盲目的な試み以上のものを示した。長い間存続した文化の伝統や深い内面的な変化の流れがあって、西洋からの影響にも関わらず依然として独自の本質を保持する近代社会が作りだされた」。「明治以降の日本は西洋化されたのでなく近代化したというべきである」。

また、ライシャワー（『現代日本人論』[8]）はいう。「日本人は他の民族とちがって模倣者であり、創造力がないというのはまちがっている。実際は、日本人はみずからの文化の大部分を創造し、際立って個性的な特徴を生み出すのに成功した」。

アメリカの日本研究はこうした人たちの手で、「ヨーロッパにおける日本研究よりも十年先んじる」（ライシャワー）[9]結果になり、日本史は「アメリカ史やイギリス史、フランス史などと対等の地位に押し上げられた」（スティール）[10]。

世界史教科書の比較

アメリカでの評価がまともなのは学者の間だけではなさそうである。筆者はかつて世界十数カ国（日本、中国、韓国、香港、フィリピン、タイ、インド、米国、メキシコ、西ドイッ、東ドイツ、フランス、スペイン）の中学高校で使用される世界史教科書を比較したことがある。(11)その結果は、西欧諸国の教科書では、古代ギリシャ・ローマ史を含めて前近代の西洋史が占める割合は全体の五、六割に達し、前近代の他の文明社会の歴史が占める割合は一割前後にすぎない。それに西洋史中心にならざるをえない近代一九世紀以降の歴史を加えると、西欧諸国の教科書で西洋史の占める割合は九割という、まさに世界史の独占である。メキシコ、インド、タイ、フィリピン、香港などの教科書もそれに準じている。わずかに日本と米国の教科書だけが例外で、日本の教科書ではどれも前近代西洋史は二、三割を占めるにすぎず、米国でも三割という例がある。米国の教科書は七、八百ページという大冊の例が多く、実際に他の文明社会がどれほど教室で教えられるのか問題だが、それでも世界史の体をなしている教科書ではあり、それが実際に若人の手中にあり、机上にあるということが強い。そこには日本史について、七世紀の外来文化受容をもとに平安時代が独自の文化を創造したことや、室町時代が茶道、立華、庭園といった独創的な文化を生み出したことなど、文化面をしっかりおさえた記述がみられる。(12)

ヨーロッパが自分のところの歴史だけで世界史を満たしているというのは、未開の種族が自分らだけを人間だと思っていることを思い起こさせるが、これではまともな人間は育たない。ちょうどそれと逆に日本の世界史教科書には日本史の記述が全くといってよいほど織り込こまれていない。歴史教育が日本史と世界史とにわかれているためであるが、これだと生徒は世界から疎外され、世界のなかに自己定位することができない。ここでもまた不足な人間がでてくる。

アメリカにおける日本評価が例外なのは、こうした世界史の教科書の日本の扱いが例外であるのに対応している。もっともアメリカの評価がすべてそうだというわけではない。一般に西欧文化圏での日本評価には、客観性が期待されるはずの文明論者のあいだですら、伝統的に消極さがつきまとっている。日本と言えば西は地中海から東は太平洋までを収める一枚の大縮尺のアジア地図の東端に小さく描かれる島国しか脳裏に浮かばず、社会全体にゆきわたる西欧中心主義の世界観、学校教育による偏見、それに近代日本が与えた軍事面や経済面での脅威や損失などからくる社会の怨恨の感情が、彼ら研究者の客観的認識を無意識に妨げてきたといっていいだろう。

文化要素の借用について

およそ文化文明の評価において、借用の問題ほど人を誤らせるものはない。文化文明の評価の予備知識として必要なのは、「一つの文化・文明を構成する要素の九割はよそからの借用だ」という文化人類学の常識である。またライシャワー（『日本近代の新しい見方』[13]）も「世界の文明の発展は一割の独創性と九割の借用からなっている。実際には一パーセントの独創性と九九パーセントの借用からなっているといった方がもっと正確かもしれない」といっている。あまりに独創性を少なくみるのも問題だろうが、ほとんどの文明がよそから多くの借用をしてきたというのは疑えないところだ。とくに後発の文明の場合、近隣の先行する文明から文物制度を借りるというのはごく自然な成り行きといえる。問題は借用のままにとどめるか、借用から独自の自分のものを作り出すかだけであって、後者であるなら、借用の文明だとか依存の文明だとかいうことはできない。

日本の文化受容について私のみるところもっとも妥当な判断を示したのもライシャワーである。彼はいう。「いかなる国の文明もその国に固有の創意の産物であるよりは、外来の影響の産物である場合が多い。他の国の場合、借用がゆっくりとした無意識の過程であるのとちがって、日本人はこれまでずっと「外来」と「固有」の区別を強く意識し、文化的借用という事実をその歴史の主要なテーマとしてきた。そのため日本人は、自分たち自身にも外国人にも、奇妙なことに日本人が文化借用者だという印象を与えてきた。実際には孤立することで日本人は自らの文化の大部分を創造し、ほかのほとんどの民族よりも際立って個性的な特徴をつくりあげた。日本人が他と異なっているのは彼らの模倣性でなく、その特殊性であって、自身の文化的特性を失うことなく学習し適応する能力である。これとおなじことをやろうとした民族もあったが、日本人ほどの成功を収めたものはない」(『現代日本人論』[14])。

この考えはまったく首肯できるところである。借用を念頭にして世界史をもう一度繙くなら、だれしも文明間の依存借用は当然という考えをもつはずである。諸文明をよく知っているはずの西欧人学者までが、借用の文明はほかにいくらもあるのに、借用依存ということことさらに日本をもちだすのは、多分目障りだからだろう。日本人の場合は無知に加えてお人よしのせいだろう。ほかの文明文化の人が自分のところの借用は黙っているのに、日本人だけは自ら言いだして、物笑いの種にされ、つけこまれる。

私のみるところ、借用依存の点で西欧文明の右にでるものはない。

西欧人の宗教であるキリスト教は地中海東方の文明に発している。西欧人の使用する文字はギリシャ・ローマ文明のラテン文字、さかのぼればフェニキアの文字に発している。建築の技術や様式はアラブ文明やギリシャ・ローマ文明から来ている。中世まで何世紀もの間使用した衣服はローマのトーガの借用であった。彫刻や演劇はギリシャ・ローマ文明に多くを負い、音楽はビザンツの影響を受け、文学にはアラビア文学の要素があり、科学もアラビア科学の作用で育った。先行するギリシャ・ローマ文明の影響はわけても大きく、西欧文明は五、六世紀に行政・司法・軍事の諸制度や貨幣をはじめとする商品経済のありかたや農業工業の技術をギリシャ・ローマ文明に習い、言語の領域ではラテン語の文法や無数の語彙（特に抽象名詞）を導入した。その上、ラテン語自体を、千数百年の長きにわたりつい二、三百年前まで宗教・学問・法律の領域で唯一の言語としてたっとび、使用してきた。また法制の領域では、ローマ法を中世を通じて借用しつづけ、それを基礎素材に今日の近代法を作りあげた。

このように西欧は借用依存のデパートといえるほどである。ところが、西欧人はまちがってもそれをいわない。ほかの文明のひとも、日本人を含めて、それを言わない。西欧は独創に満ちた文明で世界中に通っている。西欧文明とギリシャ・ローマ文明とは地理的に一部重なっていて、しかも時間的に接続しているために、西欧人は西欧とギリシャ・ローマとは一体のものだと勘違いしている。あるいは意図的に自分を二倍の大きさに見せている。実際はタキトゥスの『ゲルマニア』やシーザーの『ガリア戦記』で知れるように、古代ローマ時代末期の西欧というのは未開原野の野蛮社会であった。彼らはそれ以前に文明をもっていたわけでなく、太古の昔から未開だったのであり、ローマ文化に接してはじめて国家というもの、法律というもの、貨幣というもの、文法というもの、書物というもの、教育というものを知り、やがて酋長を王に仕立て、それら文物諸制度を全部採りいれて国を建て、はじめて文明になったのである。

オスヴァルト・シュペングラー(『西洋の没落』)は、西欧文明とギリシャ・ローマ文明の神話、演劇、彫刻、絵画、数学、法律、経済を比較して、両文明が本質的にいかに遠く隔たっているかを鮮やかに描きだした。そして両者間の距離は、西欧文明とメキシコ文明との間の距離よりも遠いといった。西欧とギリシャ・ローマとが別個の文明だということは、実はすくなくとも上にあげた文明論者すべてが先刻承知のはずである。なのに彼らは、非西欧の人びとが黙っていることをよいことに、両者を一体とみる通念の上にあぐらをかいて、借用依存をおくびにも出さない。「西欧文明はギリシャ・ローマ文明から文字、語彙、文法、芸術様式、法律、宗教、諸制度を借用してきたのだから、明らかにギリシャ・ローマ文明の周辺文明である」とはいわないし、「西欧は依存と独立の奇妙な混合の文化だ」ともいわないし、「西欧はギリシャ・ローマの文化資本に寄食しつづけてきた」ともいわない。

われわれは彼らに彼らのこの借用依存を指摘してやる必要がある。そうすれば、彼らは日本文明について、もうこれ以上借用依存を唱えることはやめ、小文明扱いすることもやめるだろう。

砂漠の文化

日本が弱小劣等の文明となったのは、西欧人のせいばかりではない。くりかえし言うように、日本人が自発的にそれを承認したからである。日本劣小視は明治以来日本社会の底流にあったが、大戦の敗北によっていっきに噴出し、おおっぴらに通用する社会通念になった。昭和二〇年代、三〇年代の評論家も学者も芸術家も、それはひどい査定を下していたものである。例をあげてみよう。

加藤周一（『雑種文化』(15)）によれば、イギリスやフランスの文化を純粋種の文化の典型だとすれば、日本の文化は雑種の文化の典型である。日本文化の特徴は西洋と日本との二つの要素が深いところで絡んでいてどちらも抜き難いというところにある。シンガポールの西洋式文物は万事西洋人のために西洋の尺度でつくられているが、日本では起重機も街路の西洋式建物も風俗もすべて日本人の必要のために日本人の尺度で作られている。また、精神や文学や芸術にしても、日本は西洋を根本のところで取り込んでいて、インドや中国が西洋とは一線を画しているのとちがう。つまり日本の近代文化は、ぬきさしならぬ形で伝統と西洋との双方から養われており、根本的に雑種の文化というべきだ、という。この加藤のいうところの日本近代の雑種とは、西欧と日本伝統とが絡み合っているという、日本の近代化のために生じたいわば当然の状況だから、別段問題にするほどのことはないのだが、雑種というともともと雑種だという響きがあり、インドや中国は伝統の文化遺産が豊富だから西洋の文芸を学ぶ必要がないなどといっていることもあわせ考えると、日本文化がもともと雑種だといわんとしているようである。

深瀬基寛（『日本の砂漠の中に』[16]）は、伝統という言葉によってタテに民族の最古の文化の純粋形態のみを伝承することを意味し、それに合致しないものをいちいち過去に溯って排除していくならば、われわれの文化はたちどころに空無に帰するだろう。われわれが祖先の遺産と思っているものの大部分は大陸文化の遺品にすぎない。イギリスでは文化のタテの伝統とヨコの伝統とが有機的にバランスの状態を維持してきたが、日本はそれらがうまく噛みあわず、いつも文化的危機に見舞われ、室町時代までの大陸文化の輸入も江戸時代の鎖国も明治維新もヒステリー的絶叫だった、という。

鈴木成高（『日本における伝統と近代』[17]）は、この加藤説と深瀬説をふまえて、雑種文化と言えば大化改新以来日本文化は雑種文化だった、日本では雑種以前といえば文化以前というに等しい。日本には固有の哲学がなく、文化は統一的根拠を欠き、そのためにわれわれは浮動し、みずからの文化に落ち着きえないのだ、という。

また、吉川幸次郎（『日本文明における受容と変動』[18]）によれば、価値の基準を外国におくわれわれの態度は日本文化の久しきにわたる習性である。ちょうど今日の日本の文化人が西洋文明の一顰一笑に敏感であるように、過去の日本の文化人は中国文明の一顰一笑に敏感であった。飛鳥奈良時代の唐風模倣、足利時代の禅風、特に江戸時代の儒学はそれを雄弁に物語っている。明治維新は中国への関心へのスウィッチを西洋への関心というスウィッチに切りかえただけであって、外国への関心という電流ははじめから通っていた、ということである。

さらに丸山真男（『日本の思想』[19]）によれば、日本には思想的基軸がなく、いろんな外来思想が雑然と同居するだけである。日本人の思考や発想の様式をいろいろな要素に分解し、それぞれの系譜を溯るなら、仏教的、儒教的、シャーマニズム的、西欧的、そうしたあらゆる思想の断片にゆきあたる。問題はそれらが雑然と同居したことにある。西洋のように絶対者がなく、世界を論理的規範的に整序する「道」がなかったから、外来イデオロギーの感染に対して無防備だったのであり、近代においても新思想はつぎつぎに無秩序に堆積されるばかりだった。

造形美術の領域では、岡本太郎（『原色の呪文』[20]）が日本の伝統文化を徹底的にこきおろした。岡本は縄文土器の不可思議な美観に根源的な人間に対する感動と信頼を感じとり、弥生時代以降今日に至るまでの日本伝統の造形の平板でイージーでなまぬるい様には自己嫌悪をおぼえる。芸術の本質は超自然的な激しさ、デモーニッシュな緊張感、戦慄的な快感、非情なたくましさにあるのであって、縄文土器やヨーロッパ芸術はそこから生じた本物だが、日本伝統芸術にはそうした本質がなく、価値もない。

以上は昭和三〇年代に出された論であるが、それから平成一五年の今日まで四〇年間のあいだに出された日本評価も、経済大国になって自信を回復して多少の変化はあるにしても、基調は同じだろう。日本は辺境の文化だとか、吹きだまりの文化だとか、あいかわらず言われている。私はこれまで機会あるごとに「日本を歴史的にどういう文化と思われるか」といろいろなひとに直接問いかけてきたが、「中国に依存することが多かった」、「大した文化とはいえない」という冴えない返事ばかりが昔も今もかえってくる。最近私の目に触れたところでも、大野晋はある座談会の席上、日本文化が独自だと頑張ったのは間違っていた。日本は西南太平洋にたくさんある島のひとつにすぎず、世界文明史の末流にいて、流れ着いた文明を消化していればいいところだっ

た、と発言している。(21)

まちがいではないか

酷評ばかりであるが、私見では以上の論は第一に借用ということがわかっていないし、その上西欧人の目で日本を眺めて断罪している。

加藤周一が日本では起重機や西洋式建物などの西洋式文物がよそとちがって日本人の尺度で日本人の必要のために作られているようにみえるというのは、日本が近代を自前で所持していたところに西洋発の近代が重なったためとみれば、根が雑種だからと日本の文化と歴史の全体に否定的な評価をくだす必要はないと思える。根の雑種をいうなら、西洋をまずあげるべきではないか。

深瀬基寛は日本を指して、「伝統という言葉によってタテに民族の最古の文化の純粋形態のみを伝承することを意味し、それに合致しないものをいちいち過去に溯って排除していくならば、たちどころに空無に帰する文化だ」というが、それは日本でなく、西欧を指していう言葉ではないか。日本には神道、祭事、舞踊、建築、庭園、詩歌など千古の精神と形姿をとどめるものが今にあるが、西欧にそれに匹敵するものがはたしてあるのかどうか。ライシャワー(『現代日本人論』[22])はこの深瀬の言葉を知ってか知らずか、「もしイギリスの文化から外国に起源や祖先をもつものをすべて差し引いたとしたら、残るところはごくわずかなものになるだろう」といっている。

鈴木成高や丸山真男はしきりに日本文化に思想的基軸や哲学的根底がないというが、思想や哲学というものは本来人生、生活のためにあるのだから、所与としてあるなら、わざわざこしらえる必要はなかろう。日本の自然は人を恵み慈しみ、教え導くという、人の心に強く働きかける力をもっている。人間的価値を豊かに内蔵し、それを人間の思念行動の指標にさせるという宗教的倫理的人格的な力である。その自然を師と仰ぎ、帰依することが日本の思想であり、哲学であり、倫理であった。なんのむずかしいことはない。それが文化の基軸であって、もともと経典という重い思想体系を背負っていた仏教は日本にきて、わずか六字の「南無阿弥陀仏」、わずか七字の「南無妙法蓮華経」で足りるとして、こんなものいらんと経典類をまるごと放り出してしまった。

その六字、七字は禅ではさらにゼロ字になる。鈴木大拙(『日本的霊性』[23])によれば、禅は中国に発生しながら、中国人の実生活のなかに深く入りこむことなく、鎌倉時代に日本に渡来すると、日本人の生活にたちまち深く根をおろした。「日本人の生活そのものが禅的である」と大拙はいう。禅は「不立文字」を標榜する。「不立文字」とは文字概念を立てない、つまりゼロ字だということである。日本人の生活そのものが禅的だとは、日本の風土に不立文字性がもともと具わっているということだろう。有名な「庭前柏樹子」という公案は、「達磨大師がインドからこられたのはなぜですか」と弟子がきくと、師僧が「庭の柏の樹だ」と答えた、というだけの問答である。また、「麻三斤」というこれまた有名な公案は、「仏とは何ですか」と弟子がきくと、師僧が「三斤の麻だ」と答えたという、ただそれだけの問答である。いずれも文字概念を退けて、眼前の光り輝く具象の世界を指示している。(24)

禅はこのように不立文字を旗印にしているが、ほんとうは文字をよく立てる。方便なのかも知れないが、喋ってばかりいる。ほんとうのゼロ字は神道である。神道は無口で何もいわない。もともと教祖も経典も教義もなにもない。あたりを掃き清めて鎮まる。天地の清明にこもり鎮まる。それだけである。本地垂迹説、反本地垂迹説などは仏教に触発されたままでの邪道である。古人が日本を「言挙げせぬ」国と呼んだことにそれは通じている。その思いが千年、二千年と伝わって西郷隆盛が書物だけの物知りを書物の虫と呼んでさげすみ、私たちが「論語読みの論語知らず」といっていることに現われている。日本の思想をいうなら、無文字、無思想体系、無哲学の思想というべきである。あるいは反文字、反思想体系、反哲学の思想というのがより正確かもしれない。司馬遼太郎（『日本人と日本文化』[25]）は「日本人が一番素晴らしいと思うのは、原理というややこしいものに煩わされることが少なかったことだ」といっている。儒学もそのややこしいものの一つだが、津田左右吉（『シナ思想と日本』[26]）によれば、江戸時代の儒学は民衆に浸透したものではなく、知識階級の知識として尊重されるにとどまり、忠孝の観念も人間自然の発露としての親への思い、主君への奉仕をいうのであって、文字観念を中国から借りただけだという。まことにあたっていると思う。

文明には知識学問を好むタイプと嫌うタイプとあって、日本は文明の推移にともなって自然に存在の外周の知の領域に流されて行くのを、どうしても正中心のイマのココにとどまろうと頑張った文明である。象形文字を使いつづけたこと、がやがや、しとしと、ピカピカ、ぬるぬる、だんだんなど擬声語やその類を愛用したこと、遠い理想空想幻想の世界に遊ばず、この花、この夕べ、わが妹、わが宿などとイマのココの世界を歌いつづけたことなども、それを示している。

日本のイマのココの天地の活物ぶりは、今でも、排気ガスやスモッグやCO_2に覆われた都会の外に出れば、すぐに体得されるところだ。文字＝知識＝学問はなくとも、精神の光があれば足りる。これこそ最大の価値ではないか。

丸山真男のいう絶対者とはキリスト教的な唯一絶対神のことだろうが、それはなくとも、このように日本ではもともと道が自然に具わっていて、外来思想をつぎつぎに整序して、ひとつ日本思想へ変容融合してきた。雑居の文化だというのは、取り散らかした使用済みの道具ばかりが目に入って、生きた本体が見えないからではないか。

筆者は以前、日本の風土を白地として説明したことがある。白地に置かれるものはおのずから白くなる。日本人は生まれながらにして白であり、霊と肉はいずれも白である。白につく汚点は、ひと拭きすればすぐもとに戻り、頑固執拗にまといつく罪の類ではない。白地はすべて善の地であって、善と悪が抗争するところではない。肉が白なら、わざわざこれを苦しめ苛む必要はない。白地にあるものは白い天に憧れの念を抱くことを知らないし、この白に満足して、黒であるかもしれない死後の生活に関心を抱くこともしない。絶対者とか救世主とかいうのは、あるいは経典や教義というのは、あたり一面黒地ばかりで足の下に深い淵が口をあけている、そういう土地の産物なのではないか。(27)

吉川幸次郎は、過去の日本人は中国人の一顰一笑に敏感だったというが、それは幕末の大河内輝声（『大河内文書』）のようなほんの一握りの知識人についてはいえても、中国式の四合院などの家屋や楼閣はなく、中国式の調度品はなく、中国式の椅子や寝台の立礼の生活はなく、中国服は着られず、中国の演劇（京劇）は上演されず、中国の歌は歌われず、中国料理店もなかった社会全体についてはどうか。あたっていないのではないか。

こうみてくると、われわれの先祖は思想的基軸や文化的根底がなく、その文化は雑種雑居であり、外国に対して敏感であり、落ち着きがなく浮動していたというのは、実は自分らが思想的基軸や文化的根底がなく、雑種雑居であり、外国に対してどうしようもなく敏感であり、いらいらと落ち着かないという現在の状況を過去へ投影し、あずかり知らぬ祖先に責任転嫁しているというだけの話ではないか、と疑われてくる。

岡本太郎の縄文土器賛美論についていえば、これは岡本個人の造形感覚と縄文土器の造形感覚との共鳴から生じている。縄文土器の造形感覚は突出系（突出・立体・垂直）という構造をもち、これは岡本個人の造形感覚と同じであり、西欧文化の造形感覚とも同じである。それに対して、日本伝統の造形は平添系（平添・平面・水平）という、それとちょうど正反対の構造をもっている。例えば、風呂敷とカバンのちがいとは、一方は平らに添い、他方は突っ込むのちがいである。障子・襖とドアのちがいも、一方は添いあたり、他方は突きあたる。箸とフォーク、日本刀とフェンシングの突剣、下駄と靴、着物と洋服、三味線とヴァイオリン、平入りの家屋と妻入りの家屋、首飾り・指輪などの装身具の有無なども同じ構造上のちがいである。舞台空間の立体性と平面性、声楽の発声法の立体性と平面性、彫刻の多寡なども親縁の様式上の対立を示している。塔の有無、都市の水平度の差異、立礼と座礼、琴と竪琴などもやはり親縁の構造上のちがいである。

構造がちがうとどうしても違和感がでる。能衣裳の役者が西洋中世の僧院の中庭で踊っても、西洋の管弦楽器が三味線や琴と合奏しても、「春の小川」や「赤トンボ」をソプラノやバリトンで歌っても、なんだか合わない。

日本の造形は、世界に稀な純度の高い平添系の様式で江戸時代までの二千年近い歴史を一貫している。日本が突出系様式に疎遠だったことは、彫刻をあまり作らなかったという世界に稀な現象がよく示している。両様式のちがいはひと言で一枚の平滑な板と彫刻とのちがいといえるからである。あの縄文土器の示す立体的彫塑的な造形は弥生時代以降見られなくなり、奈良平安時代以降は仏像、仏寺、仏壇といった仏教圏に限定され、社会の表面からはほとんど姿を消してしまった。塔にしても、装身具にしても、同じように仏教圏に閉じ込められてきた。しかし、それは歴史のこれまでの話である。近代社会はその攻撃的な性格からして明らかに突出系に属しており、これからの時代は壁から物が突き出し、室内に調度品が充満し、通りに彫像がならび、町に塔が林立する光景がみられるようになっていくだろう。私はただ両様式が対等だと言いたいだけである。岡本が芸術の本質を緊張、戦慄、非情だというなら、他方の造形様式からは静謐、平安、謙譲をもって芸術の本質とすることができる。両様式は芸術の半分づつを領有している。過去の時代は過去の時代の感性と論理をもっている。[28]

独創の文明

以上諸論を検討し批判したが、これらの論は奇妙なことに日本をけなすばかりで、およそ日本の優れている点や独創性にふれることがない。

盛期古墳のごとき壮大な規模の土木建造物は、世界にエジプト、メキシコ、ペルーのピラミッドに類例がみられるだけではないか。奈良時代の仏像彫刻は中国のあらゆる時代の彫刻にまさり、世界の彫刻のなかでもトップの座を占めるものではないか。室町時代の茶の湯、立華、建築、庭園、能演劇は日本の独創であり、茶の湯のごときは、われわれが観るのでなく、それに直接行動参加して精神の浄化をはかるという、世界に類例のない不可思議な芸術、新基軸の芸術である。江戸時代の浮世絵版画のごとき、その技術の高さといい、芸術的香気といい、これに比べられる版画が一体世界のどこにあろうか。現代日本の版画家は嘆いて、到底これに匹敵するものはできないという。

わびさびというのもまた、日本特有の価値である。日本人が貧乏だったから、その中に価値を強いて見出して苦しみを忘れようとしたのだ、とよく悪口をたたかれるが、室町時代から江戸時代にかけての日本は金銀銅の産出量で世界の一、二を競うほど富裕な国であった。にもかかわらず、当時の上層武士貴族の遊んだ空間は丸太柱、竹の格子窓、藁土丸出しの壁の狭い小さな茶室であった。それは飛鳥奈良時代にまで溯る御所建築の飾らない素朴さに通じている。一体、単純なこと、簡素なこと、数の少ないことへと心の傾くということ、いいかえると物質的に不足なこと、貧しいことを価値とするというのは、修行求道の宗教的世界で洋の東西を問わずみられるところであって、それをただ美の理念に仕立てただけでなく、生活理念としてひろく一般社会に普及させていたということは、ただ文明のスタイルとして片付けられる以上の、この国の社会の文度の高かったことのあかしではあるまいか。われわれは日本人は無宗教の民族だと教えられて育ったが、ほんとうはもともとこれ以上はないほど敬虔な宗教的民族なのではないか。

さらに文学の領域では、日本には老若男女を問わず、階層の上下を問わず、職業詩人でないものみんなが、つまり国民すべてが、みずから詩作するという千数百年に及ぶ習いがある。和歌俳句によって、日常の起臥のなかで、『古今和歌集』序にいう天地を動かし神々をああと感動させている、というこれは、世界に絶えて例をみない、これぞ世界の奇蹟というべき現象ではないか。もしそれが日本にでなく、西欧に見いだされたとしたら、明治以後の日本人はそれを文明至高のしるしとして讃称してやまず、自ら競ってワカやハイクを作ろうとしただろうと想像される。

それに日本の歴史のみせる華やかな変化も世界史にそうざらにあるものではない。はじめに部族連合体の国家が生じ、それが統治、司法、身分、土地、徴税、軍事などの諸制度を整えた統一国家になり、やがて全土にわたって何百年と続く戦乱の世になり、最後に都市、商工業が栄え、文化芸術が花開いて二三百年もつづく太平の世になる。これほど華麗にほぼ数百年を区切りに変化していく歴史をもつのは、五千年に及ぶ世界文明史のなかでも大文明とよばれるごく少数の文明だけである。そしてこの文明の掉尾を飾る江戸時代は文明史の総決算というべく、精美な文物を山のように産み出した。

以上の結論として、これまでの日本人の自己評価は

1　文明間の借用を理解していない

２　西欧の尺度で測っている
３　自分の姿を過去に投影している
という無意識の姿勢を共有していることが指摘できる。

ホールは「日本はシナ文明の多くの要素を導入したが、ほとんどあらゆる分野で独自のものに変え、彼ら自身の文化様式を保ちつづけた」と言っているし、ライシャワーも「日本人は自らの文化の大部分を創造し、ほかのほとんどの民族よりも際だって個性的な特徴を作りあげた」と言っている。またドナルド・キーン（『世界の中の日本』[29]）も「客観的に見て江戸時代の日本の文化水準はあらゆる点で西洋よりははるかに上だったと思う」と言ってくれている。しかし、いくらそう言われても、もとの暗い穴のなかへもぐりこんでしまう自分をどうすることもできない。一つには敗戦、二つには西洋崇拝、三つには左翼思想、この三つが自己卑小視を生み出し、それが以上の無意識の姿勢となってあらわれているとみられる。元凶であるこの敗戦、西洋崇拝、左翼思想の呪縛から解放されるとき、日本は彼らアメリカ人の目に映っているのと同じ大きな姿をとって現われてくるはずである。現代日本を覆う抑鬱の気も雲散霧消するはずである。アメリカ人の評価を待つことなく、私たちは私たち自身の手で日本の評価を高めていかなくてはならない。

第6章　帰属心と近代

帰属心（アイデンティティ）は土地信仰である。パレスチナの一青年は、パレスチナ人のアイデンティティは何、ときかれて、土地だ、宗教ではない、と答えたと新聞は報じていた。[1]パレスチナの土地は二千年前からパレスチナ人が住んでいるが、それより古くはユダヤ人が住んでいた。ユダヤ人の男は頭に小さな皿のような帽子をちょこんと乗せて、自分らはユダヤ教徒だ、選民だといいたげに、異国の街を群れをなして歩いている。この部族もしかしやはり土地にしがみついて、到底認めがたい二千年前所有の土地を無理やり自分らの手にとりもどした。おかげで地上は永久に戦火の絶えないところとなった。

土地信仰はサケにもある。彼らは大洋を自由に泳ぎまわったあと、いっせいに群れをなして自分らが生まれた川に戻ってくる。たまにでなく、気まぐれにでなく、例外なく、何千年、何万年、何十万年と同じことをやっている。

家族への、親族への、郷里への、部族への、民族への、祖国への帰属心で世界はごつごつしたものになる。近代は広大無辺融通無碍の世界でなくてはならない。帰属心は近代にあわない。近代にあうのは世界主義である。世界主義者はインテリである。インテリは三位一体の部族・土地・宗教を否定し、部族の土地を去って都市のコンクリートの上に単独で暮らしている。インテリは歩き方でわかる。農民や軍人や実業家が地面を踏みしめて歩くのに、ふわりそうっと空中を浮遊するように歩く。世界主義者の多くは別名市民派である。近代人は三位一体の塊から飛び出して自由に動き回る粒子でなくてはならない。それを彼らは市民と呼ぶ。農民も漁民も都会人も一様に市民である。世界市民である。

世界市民は国家を拒否する。国家が視界を遮る最大の障害物だからである。イエスもブッダもマホメットも国家を退けた。彼らは世界市民であって、国民ではない。彼らが創ったのは世界宗教であって、部族宗教ではない。マルクスも国家を階級の表現だと考え、階級なき社会の実現とともに国家は消滅するとした。

マルクス主義者も一応国家否定論者である。彼らも教祖にならって国家は階級の表現だといっている。しかし、国家がその発生からしても、持続の経緯からしても、部族民族が周辺の別の部族民族を意識し対抗の必要から国家を形成し維持してきたことは、日本のみならずほとんどどの国の歴史に徴しても明らかだ。ゆえに国家は階級の表現でなく、部族民族の表現である。マルクスが階級や階級闘争を強調したのは、自分の目的意識を世界史に投影したまでのことである。国家は土地の上に聳え立ち、部族民族を心柱にしている。

マルクス主義者を一応国家否定論者だといったのは、日本のマルクス主義者をのぞくと、それは建前であって、本音は国家至上主義者だからである。旧ソ連も中国も一時代前の列強諸国に負けず劣らずの侵略略奪国家であったし、ある。スターリンは敗戦直前の日本に宣戦布告して、自国民に日露戦争の敗北を忘れるなと檄を飛ばした。そしてたった一週間戦ったというだけで、この国はいまだに日本領が明らかな土地を占領しつづけている。中国は中国で、太古の昔からチベット族が国家と文化を築いてきたチベットを侵略占拠して、太古の昔から自国の領土だと嘯いている。理論は所詮血と土の敵ではない。世界主義は民族主義に負けるにきまっている。

二一世紀近代は宇宙時代である。近代に帰属心は合わない。近代と愛国心とは波長があわない。だが近代世界はいたるところ国旗がはためき、国歌が熱唱され、自国賛美のどよめきで揺れている。日本だけしんとしている。ここで自国を賛美するのは勇気がいる。祖国とか愛国とかいうと変な目でみられる。日本でだけ世界市民は大手を振って歩ける。テレビ討論会で民主党の某衆議院議員は「北朝鮮が日本に攻め込んできたらどうするのか」と司会者にきかれて、「抵抗せず降伏する。戦う場合に比べて死者が少なくてすむからだ。国際社会がうまく調停してくれるはずだ」とあっけらかんとした顔で答えた。共産党議長は「戦闘はしない。しかし自衛する。いろんな形で自衛する」とこちらは苦虫噛み潰しのしどろもどろの返事をしていた。日本が降伏すれば、朝鮮人が政権を握り、土地財産は没収され、居住地の自由はなく、男子は強制労働に駆り出され、婦女子は略奪凌辱され、飢餓で何百万の人が死に、政府を批判すれば処刑されるか収容所に送られ、家族同士も迂闊に話ができない密告制の社会になるのは目にみえている。国際社会は自分のことは自分でやれというにきまっている。それが見えない政治家や学者が日本にはたくさんいる。国という国が鎧で身を固め銃剣を突きつけあっている間を、日本だけ素裸で歩こうという。見て聞いて驚くばかりだ。

近代は世界主義の時代である。近代と部族とはそりがあわない。しかし部族心、愛国心は絶対になくならない。宇宙時代だろうが、近代だろうが、何千年経とうが、変わらない。これまでアメリカの宇宙衛星に乗った三人の日本人宇宙飛行士のうち、二人は宇宙で和歌を詠み、一人は地球帰還後日本の伝統文化の大切さを切々と語った。

帰心矢のごとし、サケは何万里の彼方から故郷へまっすぐ戻ってくる。

帰属心とは土地信仰である。愛国心である。自分を育てた国の山川と共同体に敬慕恩愛の念を抱き、献身奉仕するのは自然であり、また尊く美しい。しかし、それによって愛国心は他の土地、国、人を敵視し、排斥する心となる。この偏狭野蛮な心理ゆえに愛国心は貶められ、近代において受け入れられない。なくなるか、「真の愛国主義」に変身せよと迫られる。

「真の愛国主義」とはなにか。

「国利を無上の原理とし、他国を侵略することを国家の使命とするものは、国家を賊するものであり、非愛国者である。あらゆる犠牲を払っても国家の道義的偉大を求める者こそ真正の愛国者である」（阿部次郎）(3)。

「国家絶対主義でなく、個人を尊重し、人類愛と矛盾しない愛国心が求められる」（佐藤幸治）(4)

「われわれの具体的行動は国益の追求でなくてはならないが、それを律する倫理はあくまで個人主義と世界主義でなくてはならない。この両者の総合のなかに真の愛国主義がある」（林健太郎）(5)。

「世界の立場というのは個人の立場である。個人と世界の確立を背景にして民主主義によって合理化されるとき、愛国心は真に近代人のものとなる。愛国心のもとにある原始性はチェックされる」（清水幾太郎）[6]。

こうした文章にちりばめられた個人主義、世界主義、民主主義といった近代の指標。それによって愛国心は真の愛国心に変わるべし、という。しかし、愛国心と個人主義とは相反発する。愛国心と世界主義も敵対する。一方が押し込めば他方は退く。世界主義を上位において、愛国主義は暴れてしょうがないから矯正すべきだというが、角を矯めて牛を殺して、愛国心生来のプラスがなくなってしまうではないか。おしくらではない、融合だ、というなら、どうしたら融合するのか、総合されるのか、どんなアマルガムになって何の役に立つのか、肉付けしてもう少し説明してほしい。私は思う。愛国主義が絶対なくならないなら、その莫大なエネルギーを萎縮せぬまま近代に積極的に生かす道はないものか、と。

一九九四年のアメリカで愛国主義をめぐる論争があった[7]。ひとりが世界主義を主張し、多数者が反論して愛国主義を擁護した。世界主義者マーサ・C・ヌスバウムはいう。われわれがアメリカに生まれたのは偶然にすぎず、その偶然に忠誠を捧げるのはまちがっている。国境のように道徳的に無意味な境界に深遠で形成的な役割をもつと認めることはできない。われわれは他の国の人々とこの地上世界を共有するという認識を強くもつべきだ。合衆国国民であるよりも世界人であるべきであり、忠誠を人類共同体に向けねばならぬ、と。多数者は次のように反論する。われわれの両親、人種、宗教、文化伝統、共同体は個人の偶然の属性ではなく、本質的属性である。選択によらず所与であることが自己帰属性をもたらす。道徳のもとには愛情があり、この愛情は家庭に発して外へひろがるが、一番外にある人間性一般はあまりに抽象的であって愛情の強力な焦点になりえない。国家が自然な社会的連帯性の基礎であり、行政、司法、教育のみならず道徳の根本にあるものだ。それに、均質な地球文化でなく多様な民族文化の並存こそわれわれの望むものではないか、と。

論争のここまではありふれた愛国心論議にすぎない。これといって目をひく着想はない。私はひとりベンジャミン・R・バーバーの言うところに注目した。バーバーは言う。

「アメリカの国民的帰属性は、そもそものはじめから世界主義（コスモポリタリズム）と郷党心との注目すべき混合物だった。植民者たちや後の建国者たちは、自分たちが根を失うことと再び根づくという新奇な過程にたずさわっていることを理解していた。アメリカの芸当は、人々の愛国主義的な情緒への強いとらわれを高い理想に結び付けるために利用したところにある。もろもろの古い忠誠心を脱ぎ捨ててアメリカ国民であることの忠誠心を身につける。アメリカの愛国主義的な理想主義とは憲法への忠誠である。われわれの国民的帰属性の感覚の「部族的」な源泉は独立宣言であり、憲法であり、リンカーンのゲティスバーク演説であり、一九六三年のマーティン・ルーサー・キングの演説「最後には自由を」である。

われわれの愛着は狭いところから発して、そのあとはじめて外へ拡大する。無媒介のコスモポリタリズムを支持してそれらを飛び越してしまうと、結局どこへも行きつかなくなる。それはアメリカの嵐のような多文化政治からえられた教訓である。すなわちアメリカ人になるためには、はじめに自らをアフリカ系アメリカ人、あるいはポーランド系アメリカ人、あるいはユダヤ系アメリカ人、あるいはドイツ系アメリカ人として自己確認しなくてはならない。ふつうの国民としての尊厳を得るためには、彼らはまずはじめに彼らのローカルな共同体に誇りを持たなくてはならない。アメリカを代表する詩人であるホイットマンやガスリーは、個別的なものに没頭することによって一般的なものに対する情愛を燃え立たせたように、思慮深くわれわれに求めている」。

バーバーによれば、アメリカには出自の国への愛国主義とアメリカ合衆国への愛国主義との二種類の愛国主義がある。後者は抽象的な綱領（世界主義）が前者多数を一本に束ねたところに成った愛国主義だという。すると、アメリカという国は部族を共有せず、宗教も共有せず、ただ土地を共有するだけで、それでは不十分だからもうひとつ憲法などの抽象的な綱領をつかって新しい帰属心を生みだした、ということだ。ならば、地表全体も土地だけを共有する点でアメリカと同じだから、これも抽象的綱領をつかえば諸国を結合する愛世界心なる帰属心が生じることが可能という理屈になる。もっとも合衆国とちがって地球には外敵がいないから、団結は容易でない。人口増大、砂漠化、環境汚染、食糧難、大量破壊兵器などを共通の敵とみなすまでに意識は高まらない。国際連盟は挫折し、国際連合はぐらつく。それでもアメリカの実験の成功は希望の光ではある。

それはそれとして、愛国心のもつ強盛なエネルギーを近代において積極的に生かす道はないものかというわれわれの懸案の問いにバーバーは答えてくれている。無媒介のコスモポリタリズムを支持して地域的愛国心を飛び越してしまうと、結局どこへもゆきつかなくなる。日本人は世界人になるためには、はじめに自らを日本系世界人として自己確認しなくてはならない。普通の世界人としての尊厳を得るためには、まずはじめに日本のローカルな共同体に誇りを持たなくてはならない。彼のいうところを敷衍するとそうなる。世界主義を推進するには愛国主義の媒介がいる。愛国主義のエネルギーがいる。愛国主義があってこその世界主義だ。世界共同体へ向けて愛国心を燃え立たせる。近代において愛国心が永代の誉れを保つ道がここにある。世界主義は愛国主義を迎えて喜び立ち、愛国主義は世界主義にまみえて生きて輝く。そのとき愛国心は、大は暴力的に他国を占拠したり、小はスポーツの国際試合の審判を買収して勝ちを掠め取るといった強盗的詐欺師的行為はしないまでに成長していることだろう。

アメリカ愛国主義論争の諸論はみな緊迫した熱気を帯びている。多民族文化の嵐のような争いをくぐり抜けて得られた生活思想、それゆえの説得力がある。世界主義が本来アメリカの国是だとは、私はつゆ知らなかった。さきに国家は民族の表現だと言ったが、たしかにアメリカ合衆国という国家は世界主義の表現だとするよりほかに考えようがない。世界主義など夢想にすぎぬと思っていた私は、しかし、その力のすごさをアメリカで体験した。私の滞在は平成六年から七年にかけてのわずか一年間であったが、毎日多くの建物からアメリカ国旗が空高く翩翻と翻っている光景が目を引いた。思考や行動の統一がむずかしいのではとアメリカ人にきくと、アメリカはたしかにいろんな方向の考えがある国だが、いざというときには国民はすぐ一丸となって行動するのだ、という答が返ってきた。長く接した人たちからだけでなく、道行く人や店員のふとした目つき、素振り、話し方などからも、屈託のない、自由で、若々しく活気のある国民性が感じとれた。清々する気持ちであった。どこか屈折したところのある西欧の社会を知っていただけに、また中南米諸国の末期的な沈滞した空気を味わったことがあるだけに、そのすがすがしさは格別だった。

近代は社会が流動する。人は漂流する。故郷を喪失する。孤独感、虚無感にさいなまれる。無機質の無重力の宇宙空間を遊泳する飛行士が命綱で母船につなぎとめられているように、ひとはこの無機質の無重力の近代空間において、父祖の土地と文化という母船へつなぎとめられて、はじめて安心立命する。世界主義は地につく。

近代に帰属心はあわない。近代にあうのは世界主義である。そうはいっても、あおうがあうまいが、近代は双方を要求する。宇宙時代は部族と宗教の時代たらざるをえない。愛国主義過多の国は世界主義を、世界主義過多の国は愛国主義を増量しなければならない。

日本の現在が必要としているのは知識人よりも気概人である。自分が依って立つこの自分の国を尊ぶ、その自尊の念がなくては、世界の人から軽んじられるばかりだ。自らを卑小視し、祖先をもまきこみ、一流国は二流国、三流国になっていく。世界の人びとは驚き怪しみ、畏敬の念は軽侮の念に変わる。

愛国の情はただ国を高め護るに必要なだけでなく、近代を生きるための不可欠の条件である。無媒介のコスモポリタニズムでは結局どこへもゆきつかなくなる。国への帰属あっての人類への奉仕であろうし、また、近代を生き抜くこともできるであろう。世界主義過多の日本は愛国主義を増量し、自分の立つ地を固めて、二一世紀近代の地球世界へ貢献する活動の基盤にしていかなくてはならない。

注

第1章「日本アルプス」を改名しよう

1 Ernest Satow / Lieutenant Hawes : A Handbook for Travellers in Central and Northern Japan, Yokohama 1881.

2 ウォルター・ウェストン『日本アルプスの登山と探検』(青木枝郎訳、岩波文庫、平成九年)。

3 小島烏水『万年雪と氷河の山』(大修館書店、昭和五〇年)二一一頁。小島烏水『アルピニストの手記』(大修館書店、昭和五三年)一六頁。

4『アルピニストの手記』五四―六五頁。

5『万年雪と氷河の山』一八七頁。

6 同書三七七頁。

7『志賀重昂全集第五巻・世界の奇観』(日本図書センター、平成七年)三八八頁以下。『志賀重昂全集第六巻・続世界山水図説』(日本図書センター、平成七年)一五八頁以下。

8『万年雪と氷河の山』一八五頁。『アルピニストの手記』二一頁。小島烏水『偃松の匂い』(書物展望社、昭和一二年)六六頁。

9 山崎安治『日本登山史』(白水社、昭和六一年)二六四頁。

10 ウォルター・ウェストン『極東の遊歩道』(岡村精一訳、山と渓谷社、昭和五九年)三三五頁。

11『万年雪と氷河の山』二三一頁。

12 志賀重昂『日本風景論』(岩波文庫、平成七年)二〇三頁。

13 『アルピニストの手記』二七頁。
14 記述の多くを山崎安治『日本登山史』（白水社、昭和六一年）及び熊原政男『登山の夜明け』（朋文堂、昭和三四年）に依拠した。播隆については穂苅三寿雄／穂苅貞雄『播隆』（大修館書店、平成九年）に依拠した。
15 柳宗悦『宗教随想』所収「上高地の額」（春秋社、昭和三五年）。
16 記述の多くを山崎安治『日本登山史』（白水社、昭和六一年）及び熊原政男『登山の夜明け』（朋文堂、昭和三四年）に依拠した。
17 A. Baumgartner : Die Welt der Gebirge, Müünchen 1983 参照。
18 山崎安治『穂高星夜』（スキージャーナル、昭和五一年）三二一頁参照。
19 ヴォルフガング・カイザー『グロテスクなもの』（竹内豊治訳、法政大学出版局、昭和四七年）四二頁。
20 以上の文例は宮下啓三『日本アルプス』（みすず書房、平成九年）と山崎安治『穂高星夜』から採った。
21 宮下啓三同書。
22 中村清太郎『冬の白峰山脈彷徨』（『日本山岳名著全集・第四巻』所収、三笠書房）一一二頁以下。
23 「日本連峯」の名は柳宗悦『宗教随想』所収「上高地の額」（春秋社、昭和三五年）にみえる。

第2章　近代洋風建築の保存をやめよう

1 『現行法規総覧・第二五巻』（第一法規出版）。
2 日本建築学会近畿支部環境保全部会『近代建築物の保存と再生』（都市文化社、平成五年）七八頁。

3 稲垣栄三『日本の近代建築上・下』（鹿島出版会、平成三年）。
4 村松貞次郎『日本近代建築の歴史』（日本放送協会、平成九年）。
5 藤森照信『日本の近代建築上・下』（岩波新書、平成十年）。
6 菊地重郎『明治建築案内』（井上書院、昭和四二年）。
7 野田俊彦「建築非芸術論」（『建築画報・第二二巻第四号』所収、大正四年）二二頁以下。
8 『国宝・重要文化財大全・第一二巻』『同別巻』（毎日新聞社、平成一二年）。
9 村松貞次郎前掲書二〇四頁。

第3章　英文学科への疑問

1 『福原麟太郎著作集・第九巻』（研究社、昭和四四年）。
2 『週刊新潮』（平成一二年三月三〇日号）。
3 アルフレート・ウェーバー『文化社会学』（山本新／信太正三／草薙正夫訳、創文社、昭和三三年）。
4 アーノルド・トインビー『歴史の研究・第一七巻』（「歴史の研究」刊行会訳、全二五巻、経済往来社、昭和四四年）二六二頁―三〇五頁。
5 エドウィン・ライシャワー『ザ・ジャパニーズ・トゥデイ』（福島正光訳、文芸春秋、平成六年）四八一頁以下。
6 同書四七九頁。

第4章　脱欧入近代

1 ジョン・ホール「日本の近代化にかんする概念の変遷」（M・ジャンセン編『日本における近代化の問題』所収、細谷千博編訳、岩波書店、昭和四三年）七頁。

2 サミュエル・ハンティントン『文明の衝突』（鈴木主税訳、集英社、平成十年）九一頁以下。
3 福田恆存「伝統に対する心構え」（『伝統と近代化』所収、筑摩書房、昭和四二年）一九頁以下。
4 中村光夫「近代への疑惑」（中村光夫『日本の近代』所収、文芸春秋、昭和四三年）一四頁以下。
5 夏目漱石「現代日本の開化」（『反近代の思想』所収、筑摩書房、昭和四〇年）。
6 『近代の超克』（創元社、昭和一八年）。
7 加藤秀俊「社会」（笠信太郎編『日本の百年』所収、社会思想社、昭和四一年）八八頁。
8 タルコット・パーソンズ『近代社会の体系』（井門富士夫訳、至誠堂、昭和五五年）一一三頁以下。
9 ハーマン・カーン『大転換期』（風間禎三郎訳、TBSブリタニカ、昭和五五年）一九頁。
10 K・ボウルディング『二十世紀の意味─偉大なる転換─』（清水幾太郎訳、岩波新書、昭和四三年）一頁以下。
11 エドウィン・ライシャワー『日本近代の新しい見方』（講談社現代新書、昭和四〇年）四頁、一一一頁以下。
12 W・W・ロストウ『経済成長の諸段階』「日本語版へのまえがき」（ダイヤモンド社、木村健康・久保まち子・村上泰亮訳、昭和三八年）。
13 パーソンズ前掲書二〇四頁以下。
14 カーン前掲書四四六頁。
15 『箱根会議議事録』（金井圓作成、昭和三六年）参照。
16 ホール前掲論文九頁。
17 伊東俊太郎『科学と現実』（中公叢書、昭和五六年）に詳論がみられる。
18 ハーバート・バターフィールド『近代科学の誕生』（渡辺正雄訳、講談社学術文庫、昭和二四年）一四頁。

19 カール・ビューヒャー『国民経済の成立』(権田保之訳、第一出版株式会社、昭和一七年)。
20 ヴェルナー・ゾムバルト『近世資本主義・第一巻第二冊』(岡崎次郎訳、生活社、昭和一八年)四六六頁以下。
21 Max Weber : Wirtschaft und Gesellschaft, 5. rev. Aufl. , hrg. von J. Winkelmann, Tubingen 1972, S. 378.
22 マックス・ウェーバー『支配の社会学Ⅰ』(世良晃志郎訳、創文社、昭和五九年)三二頁以下。
23 ロナルド・ドーア「徳川期教育の遺産」(前掲M・ジャンセン編『日本における近代化の問題』所収)一〇六頁。
24 スティーヴン・ルークス『個人主義』(間宏監訳、御茶の水書房、昭和五六年)一六頁。
25 Karl Marx : Formen, die der kap. Produktion vorgehen. Marx Engels Gesamtausgabe II. 1. 2 Teil 2, Berlin 1981, S. 388f.
26 外村直彦『比較封建制論』(勁草書房、平成三年)五五頁以下。
27 Max Weber : Wirtschaft und Gesellschaft S. 379.
28 ロバート・マートン『社会理論と社会構造』(みすず書房、昭和三一年)。
29 D・C・マクレランド「近代化への推進力」(マイロン・ウィーナー編『近代化の理論』所収、法政大学出版局、昭和四三年)二六—三九頁。
30 中山伊知郎「日本の工業化」(『中山伊知郎全集・第一五集』所収、講談社、昭和四七年)八九頁以下。
31 山折哲雄「日本近代の亀裂」(『日本近代文化論Ⅰ』所収、岩波書店、平成一一年)三六頁以下。

第5章　日本再見

1 オスヴァルト・シュペングラー『西洋の没落・第二巻』(村松正俊訳、五月書房、昭和四九年)四八頁、九三頁。

2 Rushton Coulborn : Structure and Process in the Rise and Fall of Civilized Socieies : in《Comparative Studies in Society and History》vol.VII 1, No.4, July 1966, p423.

3 フィリップ・バグビー『文化と歴史』（山本新／堤彪訳、創文社、昭和五一年）一七九頁。

4 **A. L. Kroeber : Configurations of Culture Growth, Berkeley and Los Angeles 1944, p.275, p.345, p.812.**

5 アーノルド・トインビー前掲書第三巻一三二頁、二四二頁。

6 サミュエル・ハンティントン前掲書五五頁、一〇八頁。

7 ジョン・ホール『日本の歴史』（尾鍋輝彦訳、講談社現代新書、昭和四六年）上巻一三頁以下、下巻一〇頁以下。

8 エドウィン・ライシャワー『ザ・ジャパニーズ・トゥデイ』四七頁。

9 ライシャワー『日本への自叙伝』（大谷堅志郎訳、日本放送出版協会、昭和五七年）三五頁。

10 ウィリアム・スティール「ライシャワー」（『二〇世紀の歴史家たち4』所収、刀水書房、平成一三年）。

11 外村直彦「世界史の理念」（『比較文明10号』所収、平成六年）一三一頁。

12 一例 Scott, Foresman : History and Life, Glenview Ill., 1993.

13 ライシャワー『日本近代の新しい見方』一二頁。

14 ライシャワー『ザ・ジャパニーズ・トゥデイ』四七頁。

15 加藤周一『雑種文化』（講談社、昭和三一年）。

16 深瀬基寛「日本の砂漠の中に」（『深瀬基寛集・第2巻』所収、筑摩書房、昭和四三年）。

17 鈴木成高「日本における伝統と近代」（『日本文化研究7』所収、新潮社、昭和三四年）。

18 吉川幸次郎「日本文明に於ける受容と能動」（『日本文化研究7』所収）。

19 丸山真男『日本の思想』（岩波新書、昭和三六年）。

20　岡本太郎『原色の呪文』(文芸春秋、昭和四三年)。
21　『新潮45』(平成一二年五月号)。
22　ライシャワー『ザ・ジャパニーズ・トゥデイ』四七頁。
23　鈴木大拙『日本的霊性』(大東出版社、昭和二一年)一一―一八頁。
24　外村直彦『日本文明の原構造』(朝日出版社、昭和五〇年)一四四頁以下参照。
25　司馬遼太郎/ドナルド・キーン『日本人と日本文化』(中公新書、昭和四七年)一〇五頁。
26　津田左右吉『シナ思想と日本』(岩波新書、昭和四五年)。
27　外村直彦前掲書一九三頁。
28　同書参照。
29　司馬遼太郎/ドナルド・キーン『世界の中の日本』(中央公論社、平成四年)一七八頁。

第6章　帰属心と近代

1　平成一四年一〇月一六日産経新聞。
2　平成一二年八月二〇日サンデイ・プロジェクト。司会者田原総一郎氏、水田広子衆議院議員、不破哲三共産党議長。
3　阿部次郎「国家主義の解剖」(『改造・第二巻』大正九年一〇月号)二〇頁。
4　佐藤幸治「愛国心の実態」(『愛国心』所収、至文堂、昭和四五年)一四六頁。
5　林健太郎「愛国主義について」(『愛国心』所収、至文堂、昭和四五年)一五九頁。
6　清水幾太郎『愛国心』(岩波新書、昭和二五年)八八頁。
7　マーサ・C・ヌスバウム他『国を愛するということ』(辰巳伸知/能川元一訳、人文書院、平成一二年)。

著者紹介

外村直彦（とのむら・なおひこ）

昭和９年生まれ
東京大学文学部卒業
岡山大学名誉教授
比較文明史専攻
著書　『日本文明の原構造』（朝日出版社　昭和50年）
　　　『多元文明史観』（勁草書房　平成３年）
　　　『比較封建制論』（勁草書房　平成３年）
　　　『添う文化と突く文化――日本の造形様式――』（淡交社　平成６年）

脱欧入近代

平成15年８月10日　発　行

著　者　外 村 直 彦

発行所　株式会社 渓 水 社
広島市中区小町1－4（〒730-0041）
TEL（082）246－7909／FAX（082）246－7876
E-mail:info@keisui.co.jp
URL:http://www.keisui.co.jp/

ISBN4－87440－761－7　C1000